传统村落保护与更新研究

以巴蜀地区为例

袁 园 著

RESEARCH ON THE CONSERVATION AND
REGENERATION OF TRADITIONAL VILLAGES:
A CASE STUDY OF THE BASHU REGION

社会科学文献出版社
SOCIAL SCIENCES ACADEMIC PRESS (CHINA)

蔡家院落

穆村传统村落

肥沃的梯田

大邑刘氏庄园入口处

刘氏庄园室内陈设

夕佳山民居

泸州纳溪刘家大院弧形石梯

云顶寨

前　言

党的十八大以来，以习近平同志为核心的党中央高度重视传统村落的保护与发展工作。习近平总书记在 2013 年中央农村工作会议上指出："农村是我国传统文明的发源地，乡土文化的根不能断，农村不能成为荒芜的农村、留守的农村、记忆中的故园。"[①] 传统村落作为民族记忆与文化身份的重要载体，承载着深厚的历史情感与乡土情怀，是蕴含着丰富历史信息的文化景观。近年来，我国逐渐加大传统村落保护工程的实施力度，有效地保护并传承农村地区的历史建筑、传统民居及非物质文化遗产。在此过程中，各地政府在确保有效保护的前提下，积极探索传统村落的保护与更新路径，以实用促保护，不仅为传统村落的保护与发展注入了内在活力，还为其带来了新生机，以此来确保乡村振兴战略的实施，巩固拓展脱贫攻坚成果。

巴蜀传统村落是巴蜀文化的重要载体，村落能够保存丰富的地方历史记忆、民间艺术、风俗习惯和宗教信仰等非物质文化遗产。而且巴蜀地区的传统村落往往与自然环境紧密相连，其保护与更新研究强调了与自然和谐共生的理念，旨在通过生态修复、绿色建筑技术的应用以及对自然景观的维护，保护当地的生物多样性，构建可持续发展的生态村落模式，响应国家生态文明建设的号召。因此，巴蜀地区传

[①] 《习近平关于社会主义社会建设论述摘编》，中央文献出版社，2017，第 124 页。

统村落的保护与更新不仅仅是一项文化使命，更是关乎国家文化安全、乡村振兴战略实施以及生态文明建设的重要议题。

基于此，笔者在参阅了大量研究文献的基础上，结合巴蜀地区的传统村落情况撰写了《传统村落保护与更新研究——以巴蜀地区为例》一书。全书共有七章。第一章从自然地理、产业资源、交通运输以及社会文化等方面概述了巴蜀地区的基本情况。第二章追溯了巴蜀地区传统村落从先秦到明清时期的发展历程，探讨了各个历史阶段村落的形态变化和社会功能，并分析了这些村落作为文化遗产、社会经济活动中心以及生态系统保护地的重要社会价值。第三章深入探讨了驱动巴蜀地区传统村落形成的多种因素，包括自然地理、古道移民、民族分布、经济活动等，并描绘了这些村落的典型空间分布特征。第四章则介绍了不同类型传统村落的保护与更新实践现状及存在的问题。第五章总结了巴蜀地区在传统村落保护与更新方面的成功经验，如规划布局整合、建筑风格协调等，并指出当前传统村落保护与更新面临的挑战。第六章提出了针对上述挑战的对策，核心理念围绕生态保护、文化传承与空间整合，详细阐述了传统村落的保护与更新策略。第七章则是在前文研究的基础上，探讨实现保护与更新平衡的共性与规律和政策建议。整体而言，本书全面阐述了巴蜀地区传统村落保护与更新的现状、挑战、经验、策略与未来方向，旨在为巴蜀乃至全国的传统村落保护与更新贡献绵薄之力。

本书的创新之处主要体现在以下几个方面。

第一，区域特色鲜明。本书聚焦于巴蜀地区这一具有深厚历史文化底蕴和独特自然地理环境的区域，深入挖掘巴蜀地区传统村落的特点与价值，在此基础上解读巴蜀地区特有的文化思想与理念，为传统村落的研究增加了地域文化的深度与广度。

第二，本书运用跨学科视角实现理论与实践创新。研究中结合文化遗产保护、城乡规划、社会学、人类学等多个学科的理论与方法，形成了一个综合性的研究视角，不仅关注物质空间的保护，也深入探讨村落的社会结构、经济发展、文化传承等多元维度。

第三，文化传承与创新并重是本书研究的核心理念。本书研究在关注传统村落保护的同时，更加重视文化的活态传承与创新发展，探讨如何在现代化进程中保持传统村落的文化身份和特色，增强文化自信，为解决巴蜀地区传统村落保护与更新面临的挑战提供了新思路。

因此，在撰写本书的过程中，笔者深感责任重大，因为每一个村落都是不可复制的珍贵记忆，每一栋老宅、每一条石板路都承载着故事与情感。笔者希望通过此书，唤起更多人对传统村落保护的关注与参与，共同守护好这份属于全人类的文化宝藏，让巴蜀大地上的传统村落成为讲述中国故事、传递中国声音的生动载体。

传统村落的保护与更新，是一项复杂而艰巨的任务，它需要政府、社会、学术界以及每一位村民的共同努力。本书虽然尽力阐述了巴蜀地区传统村落保护与更新的现状、挑战与对策，但由于笔者专业能力尚且有待提升，此次研究中仍有许多细节有待进一步挖掘。笔者也期望，本书能激发更多的思考与讨论，吸引更多力量参与传统村落的保护与更新事业，共同探索传统村落可持续发展的新路径，让巴蜀地区的传统村落绽放出更加璀璨的光芒，照亮中华民族文化自信的道路。

目　录
CONTENTS

第一章　巴蜀地区概述

在文化地理的界定中，"巴蜀"这一词语常因巴、蜀地理与文化上的相近性而被统称使用，实质上，巴蜀是一种对古代巴国与蜀国的合称。从学术角度讲，巴国地域涵盖长江沿岸的山区及丘陵区，即今日以重庆为中心的川东地区，特别是三峡地带；而蜀国的领域则以成都平原为核心，辐射至广汉等地，此区域可视为古代蜀国的文化、政治及经济的心脏地带。综观巴蜀地区的发展，巴蜀文化的地理范畴大体包括四川盆地及重庆的现今区域，而且巴蜀地处长江与黄河两大文明摇篮的西部边缘。由于该区域位于中国西南深处，北接游牧文明地带，介于黄河、长江两大农业文明区域之间，巴蜀地区也成为连接中国三大文化区域的纽带，经历着文化的拓展、碰撞与融合，由此孕育出多元文化及思想。

第一节　自然地理

一　地形地貌

巴蜀地区位于中国的西南部，既是西南丝绸之路的起始区域，更是西南丝绸之路上最重要的区域。西南地区地理环境多样，地形地貌复杂，地理纬度上跨越了约 10 个纬度，但同时有海拔 8000 多米的高山与海拔 76 米的河谷并存。地理落差大，平原平坝、盆地丘陵、高原山地相间，垂直气候明显。既有终年积雪的高寒山地，也有南亚热带特征的湿热河谷，还有典型的干热河谷。加上民族众多，物质资料生产方式多种多样，生产力水平不尽相同。这就使巴蜀地区的自然地理空间多元，建筑形式千差万别、丰富多彩，成为中国传统原生态建筑的一个"博物馆"。①

尽管"巴"与"蜀"共处同一盆地，但二者在地理环境上的特性仍有明显区别。巴地位于盆地东部边缘，与云贵地区接壤，其地貌特征为山脉与河流交织，形成众多山地、丘陵及小型盆地，地理结构呈现复杂的分割状态。巴地地形以山地为主，平地稀缺且面积有限，不连续，这种自然条件对农业生产构成挑战，限制了农业经济的充分发展。加之山地地形的阻隔，生产技术和信息交流也受到抑制，导致巴地在经济发展上相比蜀地略显滞后。反观蜀地，它享有"沃野千里"的美誉，尤其是成都平原得益于上游河流的冲积作用，形成了面积约9500 平方公里的广阔扇形平原，自然条件极为优越。这样的地理差异深刻影响了两地文明的孕育路径与经济活动的模式。得天独厚的自然环境促进了蜀地生产方式的成熟与扩张，加速了平原文明的兴起，并且维持了更长的繁荣时期。相较于巴地，蜀地的文明发展历程显得更为悠久和繁盛。

其中，巴渝地区位于巴蜀东侧，其以独特的依山傍水之姿著称。这里城市与山岭相依，重庆这座著名的"山城"便矗立于群山环绕之中，展现了人与自然和谐共生的智慧。巴渝地区恰好处在青藏高原与长江中下游平原的过渡带，地势随山脉与河流的走势跌宕起伏，整体呈现南北隆起、中部低洼，从南北方向逐渐向长江河谷倾斜的态势。

---

① 张弘：《巴蜀古建筑》，电子科技大学出版社，2014。

丘陵与低山构成了该地区的主体地形，而在东北部则巍然屹立着海拔2000多米的巫山与巴山，长江在其间穿流而过，切割巫山，造就了举世闻名的三峡奇观。四川盆地作为巴蜀的重要组成部分，其大部分地区海拔较低，多见丘陵和平缓的低山，点缀其间的小块平原如同珍珠般珍贵。盆地内部，河流如网，源自边缘山地，向中心汇聚，最终汇入浩荡的长江。整个巴蜀地区的地势自西向东缓缓下降，属于中国地形的第二级阶梯。此外，巴蜀地区拥有丰富的水资源，如岷江、嘉陵江位于长江北岸，赤水河与乌江在南岸流淌，这些河流不仅是自然的恩赐，也是文化交流的纽带，它们促进了巴蜀与中原、楚地文化的互动与融合，使得巴蜀文化在保持自身特色的同时，也融入了更多的中原、楚地文化元素，展现出当地独特的文化风貌和历史深度。

二 气候特征

得益于独特的地理位置与地形构造，巴蜀地区呈现四季分明、湿润多雨的气候特征。一般而言，巴蜀地区四季分明，年平均气温在16~18℃。其中，夏季炎热潮湿，平均气温可以达到27℃，甚至在一些极端天气情况下，局部地区气温可高达40℃；冬季则相对温和，平均气温很少低于5℃，无霜期长达230~340天。雨量充沛是巴蜀气候的一大特点，年降水量通常在1000~1200毫米。在盆地东部，春季可能伴有春旱，而秋季则多绵绵细雨，这种雨热同期的气候条件非常有利于农业生产。同时巴蜀地区全年湿度较高，云雾多，日照时数较短，一般在1000~1400小时。

重庆位于四川盆地东南部，受盆地周围山脉及高原的影响，冬季寒潮不易入侵，夏季焚风显著，冬暖夏热，云雾、雨量多，湿度大，有"雾都"和"火炉"之称。近年随城市环境的改变，雾量大为减少。全年平均气温16~18℃，冬季最低气温6~8℃，夏季可出现数十日的连晴高温天气，最高气温在 40℃以上。年降雨量大部分地区为 1000~1200 毫米，多集中于 5~9 月，夜雨多。春秋季降雨多，梅雨期长；夏季常有狂风暴雨；冬季多阴雨，少日照，日照率仅 13%，多浓雾。由于多雨、少日照，加之水域纵横，重庆常年的平均湿度为 78%~83%，远高于同纬度的长江中下游地区。全年主导风向是东北风和北风，风速大都在 2 米/秒以下，是全国风速最小的地区。[①]

四川省全年气温波动范围基本在 -1.5~20.3℃，其三大地形区域展示出显著的气候多样性。四川盆地属亚热带季风湿润气候类型，年均温度在 14.1~18.3℃，展现出由东向西、由南向北递减以及盆地中央高于边缘的温度分布格局，等温线呈环状排列。盆地内日温差小而年温差大，具有冬暖夏热、多云寡照的特点。川西南的山地区域则属于亚热带半湿润气候，年均气温在 10.1~20.3℃，特点是年温差小、日温差大，早晚凉爽、午后温暖，四季温差不显著，以晴朗天气居多，日照时间长。至于川西的高山高原区域，其高寒气候特征显著，年均气温低至 -1.5~15.4℃，因海拔悬殊，气候垂直变化显著，呈现河谷干燥温暖而山地湿润寒冷的对比，以及冬季寒冷、夏季凉爽的特质，同时享有丰富的日照资源。全川范围内，年均气温最高点位于川西南部的攀枝花，达到 20.3℃；而最低点则在川西的石渠，低至 -1.5℃。极端高温出现在盆地东北边缘的平昌，高达 41.9℃；极端低温则出现在川西高山高原区的石渠，低至 -37.7℃。四川省年降水量总体在 315.7~1732.4 毫米，从东南向西北逐渐减少。盆地内部降水量丰富，年均 783.2~1130.9 毫米，且盆地周边地区多于盆底地区，地域差异显著。盆地西部边缘山地降水量最大，其中雅安地区以年均 1732.4 毫米的降水量位居全省之首，被誉为"西蜀天漏"，而盆地东北缘和东南缘的山地降水量次之，盆中丘陵地带降水量最少。盆地降雨量季节

---

① 吴必虎、罗德胤、张晓虹、汤敏主编《巴蜀传统村落》，海天出版社，2020。

分配不均，冬季少、夏季多，80%左右的雨量集中于夏季，有冬干、春旱、夏涝、秋绵雨的特征。川西高山高原年均降水量最少，仅为315.7~906毫米，而川西南山地年均降水量较之稍多。但总体来说，这一高原山地区域降水量都较少，干湿季节分明，全年有半数以上月份为旱季，约90%的雨量集中于夏季。①

四川盆地最显著的气候特征是湿热多雨，夏秋季节多雨且闷热。为了获得通风避雨的居住环境，四川居民积累了丰富有效的建筑经验，建筑屋檐多采用出挑深远的设计，既可防止日晒雨淋对建筑的腐蚀破坏，又可创造通风隔热的小气候环境。无论是乡村院落还是城镇街巷，都喜欢构筑宽敞的檐廊，因此形成适应气候的聚落环境特色。而在四川盆地边缘的山地丘陵地带，乡村居住建筑还一直保持着古老的版筑墙营造方法，取材方便、经济实用，通过巧妙地组织采光通风，即可创造出冬暖夏凉的室内气候环境。

第二节　产业资源

一　农业发展

巴蜀地区空间发展的不平衡性自古有之，成都平原始终是其区域农业的中心。② 成都平原，以其水草丰美之态，自古便是农业耕作的膏腴之地，历朝历代皆视其为不可或缺的粮食基地。尽管时代的变迁带来了土地管理和农业生产技术的不断进步，周边盆地区域的发展步伐却始终未能与成都平原并驾齐驱，显示出一定的滞后性。回溯至唐代，盆地中心地带的开拓主要得益于难民、移居者及汉化的族群。相

---

① 吴必虎、罗德胤、张晓虹、汤敏主编《巴蜀传统村落》，海天出版社，2020。
② 郭声波：《论四川历史农业地理的若干特点与规律》，《四川大学学报》（哲学社会科学版）1994年第1期，第78~91页。

比之下，盆地南侧的地域直至北宋年间，农业生产方式仍较为原始，保留着刀耕火种的传统习俗，映射出不同区域农业开垦历史进程的差异与阶段性特点。[①] 直至宋代，盆地内部的丘陵地带迎来了经济发展的新高潮，大规模梯田的修建与稻麦轮作制度的普及，使这一区域成功转型为重要的粮食产出地。元朝以后，盆地东部地区在南宋移民以及明清两代"湖广填四川"的移民浪潮推动下，逐渐崭露头角，发展成新兴的核心区域。川西南的凉山地区，其农业经济经历了从秦汉时期以农耕为主导，至南北朝后转向以畜牧与狩猎为重心，再到清代中叶回归农耕主导的多次转变，展示出一条曲折多变的历史脉络。

中华人民共和国成立时，川西地区和川西南地区还未得到充分开发，保持着以粮食为主的多种经营型部门结构。农业种植与耕作类型方面，自李冰担任蜀郡太守对蜀地进行多方面的开发后，盆地内的成都平原很早出现了平原河川农业，实现了水田化；盆地中东部低山丘陵主要为山田与梯田农业，其中梯田农业从清代开始主要出现于盆地中部丘陵地区，后又向川东平行岭谷区发展；此外，还有出现在川东平行岭谷区、渝东南、川东北、川南以及川西山地地区的斜坡挂地农业。

二 盐商业与盐化工业

自古以来，盐业作为国民经济的关键要素，一直被各朝各代视为国家控制的核心产业。当蜀人面临盐短缺时，他们发现邻近的巴人居于盆地东部与鄂西接壤地带，拥有丰富的盐业资源。这一资源上的互补性促使蜀人与巴人建立起友好的关系，加之地理位置相邻带来的便利，两个族群间的互动频繁，最终共同被人们称为"巴蜀"。[②]《论川

---

① 童恩正：《古代的巴蜀》，重庆出版社，1998，第 17 页。
② 赵志立：《巴蜀农耕文化与现代农业文化》，《中华文化论坛》2009 年第 S2 期，第 215～218 页。

盐——三省边防备览》肯定了巴蜀区域盐资源的价值和分布之广，在川北南部、西充，川南犍为、富顺、井研，川东重庆忠县、云阳、开县，川西简阳地区都有分布。古代巴蜀地区拥有较为丰富的盐业资源，与淮扬地区并为古代中国历史上两大盐业经营阵地，对中国经济影响较大。① 朱世学先生认为早期巴人拥有的大规模盐泉主要有三处，即大宁河流域宝源山麓的大宁盐泉、源于乌江支流郁水的郁山盐泉以及清江流域中游的夷水盐泉。② 从盐产地的地理布局来考察，古代众多盐泉遗址集中在长江主干及其附属水道附近，这样的位置有利于盐的运输。这一选址不仅考虑了物流便利，还与盐卤形成的地质背景息息相关：盐卤常积聚在山体的背斜构造中，河流的侵蚀作用使得这些卤水资源更易于接近地表。川东地区，一个丘陵起伏、紧依长江的地方，凭借其得天独厚的位置条件，发展出了以天然盐泉为特色的"巴盐"生产产业，利用地表自然露出的盐泉进行开采。在铁器尚未发明或广泛应用之前，这种开采方式十分普遍，也让川东自然而然地成为巴蜀区域中较早启动盐业生产的基地。相比之下，川南的自贡盐场，作为以自贡为中心并向荣县、富顺、犍为、乐山等地辐射的"川盐"供应中心，其盐资源深埋地下，需通过钻凿盐井来提取。这一过程中的钻井和取卤步骤尤为艰巨，且随着盐井深度的增加，开采难度也在增加。由此可见，从开采的复杂性和技术要求上，古代巴蜀盐业的发展历程中，川东地区因其相对简易的开采条件，盐业技术与产业较早步入成熟阶段。

从产盐历史来看，古代巴蜀地区产盐地生产起始时间早晚不一。③整体上川东地区是巴蜀地区最早经营盐业的区域，通过临江县的濫溪

---

① 赵逵：《川盐古道的形成与线路分布》，《中国三峡》2014 年第 10 期，第 28~45 页。

② 朱世学：《三峡盐业与巴文化的关系》，《湖北民族学院学报》（哲学社会科学版）2013年第 5 期，第 17~20 页。

③ 朱圣钟：《巴盐产地及其变迁——兼论盐业与巴人的关系》，《盐业史研究》2019 年第 3期，第 88~99 页。

河开发历史可以追溯至新石器时代。多数盐业产地是在两汉至唐朝兴起的。古代巴蜀地区的先民与渔盐之利息息相关。区域内盐商经济发达，开辟形成了地跨周边山地和川泽的川盐古道。这样的水陆盐道也承载了历史上的"川盐济楚"，成为推动区域联系、文化融合的重要纽带，同时也对巴蜀地区的社会经济发展和"盐道聚落"的形成与演变产生了深远的影响。

第三节　交通运输

一　巴蜀古道

四川盆地大山大水汇集，山脉水系众多。战国秦代时，巴蜀的对外交通已经十分发达。[①] 相较于盆周地带，川东地区的地形尽管更加多变与崎岖，但其拥有的主要河流航道在对外交通中扮演了无可比拟的角色，成为连接外界的宝贵资源。自秦朝起，巴蜀大地上逐渐织起了一张由蜀道、茶马古道、川盐古道、南方丝绸之路以及川江水路等构成的复杂交通网。这些交通动脉不仅促进了货物流通，还在转运节点催生了一系列聚落，显示了交通对于聚落形成的决定性影响。从整体来看，巴蜀与外界的联系通道主要涵盖了几个方向：向北，经由荔枝道、金牛道、阴平道及西山道通往陕西，这些路径共同构成了著名的川陕蜀道；向西南方延伸，则有沟通川滇、川藏的茶马古道；而向南，则有连接川黔的僰溪道、黔江道等路线。这些交通线路的变迁与发展，不仅仅是对地理脉络的勾勒，更是经济社会演进的直接映射，反映了历代政府将交通建设视作推动城乡聚落繁荣的关键策略。在巴蜀这片地域发展差异显著的土地上，交通与聚落的相互促进作用体现

---

① 蓝勇：《四川古代交通路线史》，西南师范大学出版社，1989，第4~6页。

得尤为突出，两者相辅相成，共同书写了区域历史的辉煌篇章。

可以说，从先秦到现代，巴蜀大地的交通道路纵横交错，形成了以成都为中心辐射巴蜀乃至西南的交通网络。历经朝代更迭与政区变迁。至明清时期，随着成都、重庆在巴、蜀两地政治经济文化中地位的恢复和发展，成、渝两城的交往交流成为巴、蜀两地交融互动的主体和引擎。尤其随着成、渝两城水陆交通的恢复和发展，连接成渝双城的成渝古道逐渐形成并影响至今。

二　盐运古道

巴蜀地区盐业的宝贵资源，其根源可追溯至远古的两亿年前，那时的"巴蜀湖"蕴藏着丰富的盐分。随着时间的推移，在复杂的地质演变与特定气候条件的联合作用下，古老的海水历经蒸发浓缩，转化为浓稠的盐卤，随后在地质运动的过程中被深埋于地下，逐渐累积，为巴蜀大地奠定了盐矿资源的丰厚基础。特别是在川东地域，盐卤偏好于在山脉的背斜结构中汇集，加之流经的河流不断侵蚀切割地表，使得深藏地下的卤水得以靠近地表，进而形成了珍贵的盐泉现象。这些自然条件的巧妙结合，不仅揭示了巴蜀盐业资源的地质奥秘，也奠定了该地区盐业兴旺的历史基础。① 除此之外，盐源的另一种形式"井盐"也分布在巴蜀境内多个地方，资源十分丰富，主要分布于以临邛、广都为代表的成都平原，以犍为、富顺、自贡为代表的川中和川南地区。由于盐业开采与盐资源埋藏深度有关，埋藏越深开采越困难，因此川东地区的盐业发展稍早和领先于盆中地区。

历史上盐的产、运、销经历了从无序到有序、从民营到专营，其间波动管控的过程。以汉武帝时期为转折点，之前盐的产、运、销均

① 赵逵、桂宇晖、杜海：《试论川盐古道》，《盐业史研究》2014 年第 3 期，第 161 ~ 169 页。

由民间掌管，自由运销，直至汉武帝时期停止民间运销；隋朝至初唐又恢复民间自由运销，到宋朝时期又实行专卖制度，直至清朝，制定了更加系统的专卖制度和区域管制制度。

巴蜀地区丰富的盐业资源与长江及其众多支流编织的水路网络相结合，为盐的远销四方提供了得天独厚的条件。这一地区因而构建起以水上航道为主体、辅以陆上道路的综合运输体系，划分出川鄂、川湘、川黔、川滇等几条历史悠久的盐道，它们在中国经济版图中占据着举足轻重的地位。尤为值得注意的是，渝、鄂、湘、黔交界的武陵山区依赖川盐的传统延续至今，进一步巩固了巴蜀作为除淮扬盐区外，集生产、运输、销售于一体的盐业重镇地位。

历经千载的四川盐业生产与贸易，不仅仅见证了盐运古道的诞生与扩展，更塑造了一条跨越时空、文化深远的盐业走廊。这条走廊以其悠久的历史跨度、广泛的地理覆盖、深厚的文化底蕴和明确的功能定位，对川、鄂、湘、黔交界地带的聚落形态产生了深远影响，不仅促进了自贡、云安、大昌、西沱、龙潭、龚滩、凤凰、里耶等诸多盐业名城古镇的兴起，还催生出一系列与盐运相关的特色建筑，如驿站、庙宇、风雨桥和盐商会馆，形成了一条别具一格的文化脉络。盐运古道作为盐文化的传播轴线，同时也是建筑艺术与工程技术传承的重要渠道，它不仅见证了盐业经济的繁荣，促进了沿线城乡聚落的形成与繁盛，而且在巴蜀乃至更广泛区域的发展史上留下了浓墨重彩的一笔，直至今日，依然具有不可忽视的现实价值与意义。

第四节　社会文化

一　民族民系

巴蜀人口以汉族为主，主要集中在盆地中部，少数民族则大多分布在边地山区。川南、渝东南与少数民族种类众多的云南、贵州相接之地，少数民族聚居也较为集中，有苗族、土家族等；川南则是彝族聚居之地；一些民族由于迁徙的原因，也会散落在盆地附近，如川北南充阆中古城，就居住有纳西族人民。各民族共同生活在一个大环境里，分布特征为"大杂居，小聚居"，民族文化也相互交织，形成各具个性的多元统一体。多民族聚居原因是多方面的：自然生态的多样、先民传承的向自然索取生存资源的方式各异、民族迁徙、中原王朝的征讨、中原文化的涌入、宗教的传入等因素都起了一定的作用。客观上的诸多原因造成了多民族的混居，地域或民族的不同也产生了不同的生产生活方式与居住形态。民族文化在建筑形态上也可得以体现，如苗族典型的干栏民居、土家族传统的三合院形制的干栏式半边楼、彝族乡土气息浓郁的村落等，都各具特色。

巴蜀地区因其民族构成的多样性，自然而然地孕育出了一片多元文化的沃土。历史的长河中，不同民族虽历经相互融合与适应的过程，但民族各自的独特性并未消失，反而在物质文化和精神文化的层面上绽放出异彩纷呈的风貌。从农耕文明的精进、传统技艺的传承，到艺术创作的繁荣，每一个民族都在用自己的智慧与汗水，为社会的发展和人类文明的进步添砖加瓦。此外，民族规模的不均与历史时期社会发展的不均衡状态，加之各异的社会组织结构，共同构成了少数民族文化多元性的另一重要维度。这种多样性不仅体现在各民族间文化表现形式的显著差异上，还深刻反映出他们在适应自然环境、社会组织结构以及历史变迁中的独特路径与策略。总而言之，正是这种多元文化的交织与碰撞，塑造了巴蜀地区丰富多彩、层次分明的民俗特色与文化景观。

二 文化信仰

传统农耕时期相对成熟稳定的社会环境为巴蜀地区"宗法和礼

制"的发展奠定了基础。宗法是中国古代社会血缘关系的一种原则，其精髓是嫡长子继承，成熟于周朝，尊祖、敬宗是其基本信条，其影响一直延续数千年。古人通过建立吉、凶、军、宾、嘉五种礼仪，形成一系列制度、规定和共同遵循的礼节仪式。关于祭祀方面，《周礼·春官》记载，周代最高神职大宗伯掌建邦之天神、人鬼和地祇；《中国历代祭礼》将祭祀对象分成天界、地界和人界神灵。可以说关于宗法和礼制的最早文献记录可追溯到周代，当时的规则主要服务于皇室及诸侯之间的交往。然而，进入秦汉时期后，这一原本专属上层的祭祀活动逐渐向民间扩散，形成了宫廷、官府、民间三个主要的祭祀层面。尽管秦朝之后，某些官方祭祀制度有所简化，民间却兴起了以祭祀地神和祖先鬼魂为主的习俗，这一变化促使民间宗法和礼制的实践领域迅速扩张。而且民族聚居地与宗教建筑群在空间布局上往往体现出与传统礼制观念的默契与一致性，展现出共通的空间表达特征。在这些社群中，无论是同一民族还是共同宗教信仰的群体，人们常常围绕着对日月星辰、神佛天尊、自然山水的共同崇敬团结在一起。以彝族为例，其文化中根植着万物皆由天神创造的信仰，视土地为生存之本，因而对天神和地神的崇拜占据了核心位置。考虑到彝族分布地域广阔，不同分支因所处自然环境和地理资源的差异，发展出了各自特有的日月星辰崇拜及动植物信仰，这些信仰差异又进一步丰富了彝族文化的多样性。

三　人口迁徙与巴蜀文化

（一）人口迁徙

人是文化传承的最直接媒介。在巴蜀的历史长河中，频繁的大规模移民事件，尤其是"秦人入蜀"，伴随着大量知识分子和中原官员的涌入，极大地推动了中原文化的移植与扎根，对巴蜀文化的深远影响不容小觑。及至明清时期的"湖广填四川",不仅仅重振了巴蜀的社会经济,更引入了丰富的外地文化元素,全面渗透并重塑了巴蜀文化的各个层面。巴蜀,自古便是东西南北移民会聚的熔炉,其文化因而融合了五湖四海的风俗特色,民间文化的多样性得以极致地展现,充分体现了文化的包容性与综合性。巴蜀文化的根基,深深植根于多民族文化的交流互鉴,其发展轨迹与历代宗族迁徙紧密相连。早在商周时期,巴族自鄂东迁徙至重庆地区,与当地的先巴文明融合,建立起了具有鲜明地域色彩的巴文化国家,此间巴文化与荆楚、吴越文化通过长江这条纽带相互交织,影响深远。秦灭巴蜀后,为了加强统治,实施了大规模的人口迁徙策略,这些移民初时集中居住在成都、乐山一带,后续更有众多官僚知识分子被流放到此,他们不仅携带了中原先进的文化知识,还将中原的宫廷生活方式带入巴蜀。这些举措加速了中原文化与巴蜀文化的深度融合,促使巴蜀文化在与周边文化的广泛交流中蓬勃发展,共同编织出一幅多彩的文化交融图景。

元时战乱,四川人口剧减。在"数千里城郭无烟,荆棘之所丛,狐狸豺虎之所游""成都所属州县,人烟断绝千里,内冢白骨无一存"的背景下,元末明初时期形成第一次"湖广填四川"的高潮,即所谓"自元季大乱,湖湘之人往往相携入蜀"。然而明末清初巴蜀地区经历了长达80年的战乱和大灾,人口急剧下降。清顺治年间,成都平原几经战火袭击,原来繁华的都市陷入荒凉的境地。清朝统一全国后,为了恢复巴蜀的经济,鼓励各省份贫民入川开垦土地,于是形成了第二次"湖广填四川"的高潮。移民开始是有组织的,甚至是强制性的,后来,各地自发来巴蜀的人口也越来越多,到1840年四川人口增至3834万人,开始跃居全国第一。[①] 清代中叶至末期,巴蜀地区的经济与社会渐趋稳定,为其文化的恢复与发展提供了环境。其间,大规模

---

① 吴必虎、罗德胤、张晓虹、汤敏主编《巴蜀传统村落》,海天出版社,2020。

的外来移民涌入四川，深刻地塑造了巴蜀文化的诸多面向，方言、建筑、戏剧、民俗等领域均烙印上了外省文化的痕迹。移民们在全新的自然、社会及文化环境下聚合，加之频繁的商业交流，各类社团、行会和商业团体蓬勃兴起，随之而来的是与这些社会组织紧密相关的建筑样式，如依据原籍地域联结而成的会馆（同乡会馆与行业会馆），以及反映各地宗族融合的家族祠堂。移民的影响同样触及传统民居，促成了如封火墙这类多样化建筑元素的出现，建筑材料与装饰艺术亦呈现新的风貌。可以说人口的增加与商业的复兴，无疑给社会经济、文化及城镇景观带来了显著变化。巴蜀文化在中原文化的深远影响下，又融合了多元地域文化的特色，形成了"蜀地融秦风，巴地汇楚俗"的独特景象。中原文化的先进理念，使得巴蜀在哲学思想与宗法、礼制上与其一脉相通。而"湖广填四川"的移民浪潮，进一步让巴蜀文化吸纳了丰富多样的民间风俗，这些源自四面八方的文化元素，在历史长河中与巴蜀本土文化剧烈碰撞、深度融合，最终熔炼出一种兼收并蓄、五方杂处的独特文化景观，展现了巴蜀文化兼容并包、博采众长的精神特质。

（二）巴蜀文化

历史上，"巴"不仅是一个民族的标识，也是一种文化属性的符号。它特指古代的一个少数民族群体——巴族，该族最初活跃于汉水流域的上游地带，并在今重庆市（古称江州）建立了自己的政权，史称"巴子国"。巴族迁徙至四川盆地以前，其生活方式以狩猎为主；迁入四川后，受邻近蜀国稻作农业文化的影响，农业迅速发展成为其经济支柱。周代初期，巴族领袖获得周王室的册封，晋升为诸侯，巴国因此在汉水上游地区崛起，实力日盛。进入春秋时期，面对楚国的强势扩张，巴国不得不逐步西迁，历经数次迁都，足迹遍及重庆及四川东部，这一系列迁徙最终促使了"川东巴国"与"川西蜀国"两大势力格局的形成，标志着巴族在地域政治版图中重要地位的确立。

《华阳国志·巴志》中有对巴国疆域最早的记载："其地东至鱼复（今奉节县一带及湖北省西部地区），西至棘道（今四川宜宾地区及泸州市），北接汉中（今陕西省汉中、安康地区），南极黔（今重庆黔江地区、贵州省东北及湖南省西北一带）、涪（今重庆涪陵及贵州省北部地区）。"[1] 历史上巴国类似游牧民族的政权，在立国于川东后疆域多次变化，大体有五次迁都，即平都（今丰都）—江州（今重庆渝中）—枳（今涪陵）—垫江（今合川）—阆中（今四川阆中），包括今天的川东、重庆、湖北西部、陕西东南部、贵州黔北等地区，辖区跨度大，说明巴蜀文化的"移民"性质在早期就有积淀，对社会文化有深远的影响。

《华阳国志·蜀志》记载，蜀地疆域为"其地东接于巴，南接于越，北与秦分，西奄峨嶓。地称天府，原曰华阳"。[2] 其中，"峨"指峨眉山，"嶓"指位于甘肃省境内的嶓冢山，嶓冢山在蜀地东北。蜀国统治区域更为广泛，曾达到今天的云南、贵州一带，可看出蜀人大致集中分布在四川盆地。川中平原地区发达的经济，促进蜀国早期城市的形成和发展，使蜀国有"天府之国"之美称。商代的蜀都，面积近3平方公里，人口约8万人。春秋战国时代，成都的商业经济得到空前发展，市场繁荣。开明王朝建都成都后，发展迅速，人口达到20多万人，成为长江上游最大的都市。

秦灭巴蜀之后，为了巩固其统治并缓解世居人民的抵抗情绪，实施了该地区有史记载的首次大规模政治性移民，此举不仅有效促进了巴蜀与中原文化的互动与融合，还为巴蜀的经济发展注入了新的活力。随着西汉政权的建立，汉武帝在巴蜀地区设立了益州，进一步推

---

① 彭华译注《华阳国志》卷一《巴志》，中华书局，2023，第12页。
② 彭华译注《华阳国志》卷一《蜀志》，中华书局，2023，第171页。

动了巴蜀走向繁荣。东汉时期，巴蜀人口迅速增长，以成都为中心的城市集群不断扩展，与中原的洛阳、临淄、邯郸及宛城（即今河南省南阳市）并驾齐驱，共同构成了当时中国的五大都市，成都跃升为仅次于长安的人口大城。221 年，刘备在成都登基，建立汉朝，史书称之为"蜀汉"。唐朝，成都平原及其周边区域的农业发展达到了前所未有的高度，纺织工业蓬勃发展，井盐开采技术与产量亦显著提升，彰显了其经济与文化上的卓越成就。907 年，王建割据巴蜀，在成都自立为帝，国号"蜀"，史称"前蜀"。孟知祥于 934 年定国号为"蜀"，史称"后蜀"。北宋咸平四年，朝廷将西川路、峡西路分为益州路、梓州路、利州路和夔州路，总称"川峡四路"或"四川路"，四川因此得名。元朝统治巴蜀后，在成都设置"四川等处行中书省"，简称"四川行省"，"四川"之名由此固定下来。元时战乱频繁，四川人口剧减，元末明初时期形成第一次"湖广填四川"的高潮。清朝统一全国后，为了恢复巴蜀经济，鼓励各省份贫民入川开垦土地，重建家园，形成了第二次"湖广填四川"的高潮。明清两次移民使巴蜀地域文化多元融合，移民文化由此影响至今。巴文化与蜀文化是西南地域文化的两个重要分支，纵观历史，"巴""蜀"在社会政治、经济、民俗文化等方面紧密联系，并有类似的政治环境与社会文化特征（社会体系、人口结构、生活方式和民俗习惯等），固向来以"巴蜀"统称，"巴蜀文化"是西南地域文化的代表。而"巴""蜀"在地理疆域与历史文化发展上都有各自的范畴和特色，在地理环境特征（地形、土质、气候等）上也存在差异，因而在大致相同的环境下衍生出多元的地域文化，丰富多彩。

可以说，巴蜀文化的独特性体现在多个方面。一是物质文化遗产丰富且历史悠久。四川作为最早开展人工茶叶栽培与制作的地区，展现了农业文明的早期辉煌。巴蜀美酒享誉古今，汉代的制盐技术更是体现了先进的生产工艺。此外，蚕桑业与丝织品制造，如著名的蜀锦，在汉代已名扬四海，彰显了该地区手工业的发达。二是在巴蜀地区的文化教育也经历了从落后到兴盛的转变。先秦时期巴蜀文学未盛，但至汉景帝时，蜀学已能与齐鲁之学并驾齐驱，汉代以后更是人才辈出，文化繁荣。六朝及以后，巴蜀文化持续繁盛，涌现出诸多历史巨著，如陈寿的《三国志》和常璩的《华阳国志》；在天文历法方面，落下闳参与制定的《太初历》，印刷技术领先，现存的早期版印作品《陀罗尼经咒》即为明证。三是巴蜀文化在思想信仰上展现出非正统的特点。蜀地接受儒家思想较晚且其影响有限，这一背景下本地孕育了许多特立独行的人才。四是巴蜀文化的包容性强和富有反抗精神。当地民风淳朴，不排斥外来文化，以好客和尊重人才著称。在面对外部世界时，巴蜀人展现出开放的学习态度和较强的适应能力；同时，巴蜀人在历史上不乏对抗压迫、争取自由的起义事件，反映了其顽强的反抗精神。五是巴蜀文化的地域特色鲜明且发展不平衡。自然环境的多样性导致各地人文景观的差异，加之历史进程中不同时期文化发展的不均衡，共同塑造了巴蜀文化多元而复杂的面貌。

第二章 巴蜀地区传统村落的发展演变与社会价值

巴蜀地区作为中国西南部的历史文化富集地，其传统村落的发展与变迁，不仅是该地区社会经济演进的微观镜像，也是中国古代文明多样性和地域特色的重要体现。本章旨在系统梳理并分析巴蜀地区传统村落自先秦至明清时期的发展脉络，探讨其在不同历史阶段的形成背景、特征变化及社会功能，同时深刻揭示这些村落所承载的广泛社会价值，从而揭示巴蜀地区传统村落的内在生命力与时代特色，也为当前传统村落保护与更新实践提供历史经验。

第一节 巴蜀地区传统村落的发展演变

一 先秦时期的巴蜀村落

（一）巴蜀村落起源与文明

巴和蜀既是古代国名，也是地名，更是不同的文化地理区域。巴和蜀既有区别，也有密切的联系，巴蜀文明西起川西北高原，东至长江三峡，北达秦巴山地，南及西南山区，村落文化遗址星罗棋布。以四川盆地为中心的巴蜀地区，是中华文明的重要起源地和组成部分，也是长江上游的古代文明中心。偏于川西平原的古蜀国起源可以追溯到蜀山氏。所谓蜀山氏，顾名思义即居住在蜀山的氏族，在距今四五千年前蜀山氏就已形成。蜀山即指岷江上游之地的岷山，蜀山之名早在《史记》和《汉书》中就有记载。蜀山氏的先民们最初在岷江上游流域繁衍生息，随着时代的变迁，至蚕丛氏领导时期，他们迁徙至蜀山以南，最终被成都平原所吸引，这里自然条件优越，资源充沛，尤其是肥沃的土地和密布的水系为他们提供了理想的定居之所。考古学上的大量证据揭示，古人选择定居点时极为重视自然环境，尤其是近水之地有利于生存和发展。成都平原，自古以来便是膏腴之地，河流交织，为古蜀文明的萌芽提供了得天独厚的条件。此地不仅见证了古蜀国的都城辉煌，还散布着众多城池与乡村聚落，形成了密集的人类活动网络，而且村落布局井然有序，建筑设计兼顾实用与美观，充分体现了古蜀人在文化和技术领域所取得的显著成就，彰显了一种高度发展的村落文明。

（二）古蜀起源与村落分布

古蜀村落的起源与演进，深深植根于人们对自然环境的适应、利用乃至改造之中。其从岷江上游向成都平原的迁徙历程，正是这一适应性发展策略的生动体现。起初，这些古老的村落依托于岷江上游的自然恩赐，如河谷冲积地带与高原台地，它们不仅是生活依托之所，也是文明萌芽的温床。四川茂县即是一个典型例证，其坐落于河谷冲积扇上，成为该地区地理与文化的焦点。近年来，考古学家在这一带发现了包括营盘山、波西、金龟包、波西台地、上南庄、勒石、沙乌都、马良坪等诸多新石器时代遗址，数量超过 10 处，遗址规模各异，小至数千平方米，大到超过 10 万平方米，时间跨度从约 6000 年前至4500 年前。这些遗址揭示了古蜀先民巧妙地与自然环境和谐共生，逐步构建起自己独特的聚落文化体系。

早期的村落主要分布在江河两侧自然形成的谷地之上，这里是河流冲积形成的平整地带，有堆积较厚的沃土，便于人们的生产和生活。从多个村落遗址分布的位置分析，较早的村落遗址多位于临江的一级、二级台地，地势相对平坦，离水较近，取水方便，但因洪水等因素影响而不宜人类长期定居。年代相对较晚的村落已有上移至四级台地的趋势，这样的选址布局不再受洪水冲击等自然因素的影响，便于人们长久定居。而且高处的台地也方便空间环境的拓展，可能与人口增加对空间环境的需求更大有关。在村落建设的过程中，人们在适应地形环境的同时，又不断对地形进行相应改造。例如，营盘山遗址所在地，遗址表面地势较为平整，坡度变化也不大，但与周围相同高度的自然山川有较明显的差异，这一相对平整的地形，应是人类为满足聚居环境的需求而采取过相应的改造措施。

（三）古蜀村落的文化技术

自 20 世纪 50 年代起，宝墩村落群的考古发掘揭示了巴蜀地区约4500 年前至 3700 年前的村落已发展至相当规模，其遗址面积惊人，超过 60 万平方米。郫县古城、温江鱼凫村古城作为中型村落遗址，各自占地超 30 万平方米；而都江堰芒城与崇州双河古城，虽规模稍小，亦有 10 万平方米以上的广阔面积。相比之下，黄河流域的史前城址则显得较为紧凑。与之相仿，崇州市紫竹村古城，利用自然地形，依山傍水建造，其城墙坚固且具备防洪能力，采用双重城垣结构，展示了高度的防御策略。

三星堆古城的城墙则以其巍峨、坚实的特性著称，墙体结构复杂，包括主城墙、内侧墙与外侧墙，顶部宽 20 余米，底部更是扩展至 40余米，加之深邃的护城河，构成了坚不可摧的屏障。总体来看，成都平原上发掘的古蜀城墙以宽阔著称，有观点认为这可能与宗教祭祀活动相关，无论这些宽阔城墙的用途是防洪、宗教还是其他，它们无疑都凸显了与中原地区早期筑城技术及文化理念的差异。而且根据考古发掘，在三星堆古城遗址周围 12 平方公里范围内，还密集地分布着 10 余处古遗址群，其文化面貌与三星堆遗址相同。它们既与三星堆古城接壤相连，又被三星堆高大的城墙相隔，应该是与三星堆古城联系密切的广大乡村群落，可以明显反映出城镇与乡村之间的空间环境特征，显示出古蜀时期城镇和乡村的相互依存关系。

二　秦汉时期的巴蜀村落

（一）秦汉村落与商业环境

公元前 316 年，秦灭巴蜀。秦王朝在全国的统治虽然只有 10 多年，但对巴蜀的统治却长达 110 年，这对巴蜀地域的发展建设有着重大影响。自秦国势力深入巴蜀后，伴随着对西南边陲的不断开发，巴蜀地区的经济影响力显著增强，逐渐形成一个以成都为中心、覆盖整个巴蜀盆地的区域，并向周边乃至整个西南地区延伸的经济区域——巴蜀经济区。这一过程在西汉中期至晚期达到高峰，巴蜀成为当时全国 10 个显赫的经济区域之一。及至东汉，巴蜀地区凭借其富饶与繁荣，被广泛认可并誉为"天府之国"，正式确立了其在中国经济版图中的独特地位。

秦汉实行的郡县制把巴蜀划分为若干郡县，郡之下置县，县之下建乡、里、亭、邮等。同时，秦在巴蜀还实行分封与郡县并行的制度，在民族地区实行与县司级的"道"，道之下，除道治所在的城邑外，仍保持少数民族原有的氏族、部落及部落联盟。郡县制的推行，使巴蜀的村落体系出现了新的格局。而国内整体局势的稳固和加强，统一市场的形成和扩大，加之巴蜀地区内外交通的日益发展，又给巴蜀的文化经济增添了新的活力，达到空前兴盛的水平，整体的村落也出现一派欣欣向荣的新气象。而且随着城市经济快速发展，政策的普及带动了盆地及周边地区经济的大幅提升和商业贸易的发展，这些又引起了街巷空间格局的变化，其中最显著的变化是设立专门的贸易市场。汉代的成都已建有若干个贸易市场，城内有"成市""北市"，城外有"中乡之市""南乡之市"等。又如临城，"其民工于市，易贾"，有大批坐贾行商在当地经商。成都城"大街小巷，市肆酒楼，灯红酒绿"，都反映了街巷繁荣的景象。

另外，秦汉移民也对巴蜀部落产生了极大的影响，这一过程一直持续至西汉末年，这也是巴蜀历史上的首次大规模人口迁徙事件。为了确保这一长期移民进程的顺畅，秦汉政权实施了一系列鼓励和支持移民的政策与制度，其中包括为移民设立专门的生活区域，这也是促进移民安置和融合的关键举措之一。而且根据考古学者近年来在青川发现的大批秦移民墓群分析，即使是迁到农村地区，移民也单独聚居，并且主要形成以族聚居的村落形态。综合来看，秦汉移民在川西北一带比较集中，这对村落文化的传承演变具有一定的影响。

同时，在分封制度影响下，蜀地的乡村聚落在保持传统布局的基础上产生了三个方面的变化。一是秦朝在蜀地的大规模军事部署导致屯军营地周边村落空间的形成与扩展，这些营地不仅是军事据点，也成为新的村落形态。二是伴随大量外来移民涌入蜀地，政府设置了特定的安置区域以接纳移民。这些移民通常财产有限，被相对均匀地分布于指定土地上，从而催生了许多新兴的移民村落，其规模往往超越原有的村落。三是秦国逐渐加强对蜀国的规划和土地改革，将蜀地的城镇化与土地管理全面整合进国家治理框架内，这一系列举措从根本上重塑了既有乡村聚落的形态与结构，使之适应国家发展的整体需要。

（二）秦汉水利工程与城乡经济

秦汉至三国时期是巴蜀地区水陆交通运输体系经历巨大变革并奠定基础的关键阶段。此间最显著的转变在于交通网络从先前民间自发维护的自然路径转变为以官方主导的干线运营体系，特别是陆路交通实现了从仅供人畜通行的狭小路径到能够容纳马车通行的宽敞大道的跨越。在这段历史进程中，对蜀地发展影响深远的莫过于都江堰水利工程的建设。时任蜀郡太守的李冰，因卓越的治水成就而闻名，他主持修建的都江堰工程不仅仅展现了古代水利技术的高峰，更为接下来两千多年里成都平原的繁荣兴盛奠定了坚实的基础，极大地促进了该区域的农业发展和社会进步。史载，李冰"能知天文地理""识察水脉"，因此都江堰工程自渠首选址、枢纽配置，至鱼嘴分水、飞沙堰排沙、开凿离堆形成宝瓶口等精妙设计，无一不体现出顺应自然、与环境和谐共生的哲学思想，这在古代中华乃至全球历史中，皆树立了工程技艺的标杆。李冰治水的智慧，在于实现了资源的综合优化利用，都江堰不仅成功地抵御了洪水、灌溉了农田，还促进了水上运输、工农业用水及木材漂流等多个方面的发展，展现了非凡的多功能水利建设理念。

其中，都江堰渠首的枢纽工程有鱼嘴，古时又名象鼻，主要起分水作用，又有排沙、排石的功能。飞沙堰的主要功能是为内江泄洪、排沙、走石。岷江流至都江堰鱼嘴后，水分为内江和外江，外江即岷江正流，内江则流入成都平原。宝瓶口为内江进水口，犹如瓶口一样，严格控制着进入成都平原的水流量，而从鱼嘴分进的内江水，流量在夏秋两季一般远远大于宝瓶口，宝瓶口不能通过的多余的水主要从飞沙堰泄出。通过鱼嘴、飞沙堰、宝瓶口三大渠首枢纽工程的共同作用，形成了较为稳定的进水量，对成都平原的农业灌溉、防洪防灾、交通运输都产生了极大效益。"穿二江"则是对郫、检二江进行疏导、整治，包括部分河床段的改道、加深、治堤、架桥等，同时开挖若干大小分渠，引水灌田，初步形成成都平原的水利网络。秦至蜀汉的500余年间，得益于农田水利的开发建设和普遍推广，巴蜀地区的江河水系得到有效整治，极大地减少了沼泽及河滩地带的水灾隐患。广大移民居住区（主要是坝区和浅丘地区）内牢固确立的土地私有制确保了移民拥有自己的土地，调动了民众的生产积极性。而且成都平原遂在短时期内出现了"溉田畴之渠，以万亿计，然莫足数也"的壮观场面，成都平原因此在短时间内呈现出了"灌溉渠道无数，难以计数"的繁盛景象，耕地大幅扩张。随着铁制农具的推广使用和牛耕技术的普及，巴蜀地区的农业根基得以迅猛强化，平原和丘陵地带的农业生产由粗放式转向精细化，农业因此成为该时期巴蜀经济发展的核心驱动力，不仅支撑起了巴蜀各民族的生计，也为国家统一事业贡献了巨大力量。秦与西汉均视巴蜀为统一全国的战略要地，巴蜀的粮食供应成为前线补给的坚实后盾，尤其在西汉早中期，频繁支援各地应对自然灾害。与此同时，畜牧业、养殖业、园艺业、渔业等领域也乘着移民潮带来的劳动力增加、人口快速增长以及交通条件大为改善的东风，获得了前所未有的发展机遇，促进了与外界更加广泛的物资交流。

（三）巴蜀村落的空间环境

秦汉三国时期，巴蜀村落建设的一个显著变化是城墙的普及。先秦时期，巴蜀城邑已普遍采用土筑城墙，如广汉的三星堆古城、青城山下的芒城等。为适应巴蜀潮湿多雨、洪水趋势猛等气候环境，先秦时期的土墙既宽又厚，其构筑形式主要采用夯筑，个别地段也采用土坯砖垒砌，有的村落直接利用自然山川地势为屏，甚至还有以木栅栏围合成墙的形式。秦入驻巴蜀后很快就掀起了筑城高潮，其特点体现在几个方面。一是广泛采纳源自关中的筑墙技术，按照关中城墙的标准，在巴蜀大地新建了许多土质城墙，这种趋势一直延续至西汉，土城墙仍是该地区的主要防御形式。二是推广了水井取水的生活方式，改变了以往居民依赖河流取水进行日常生活的传统，随着砖石建筑技术的进步，人们开始挖掘水井以方便取水。三是这一时期加强了桥梁、道路等基础设施的建设，特别是在秦至蜀汉年间，铁器使用的普及不仅促进了城邑内部及周边道路的改造升级，也极大地影响了市政工程。在此之前，桥梁多为简易的竹索构造，仅能满足行人通过，而城内的运输主要依赖马匹、马车、船只及竹筏。铁器的广泛运用促使更稳固的铁桥逐渐取代脆弱的竹桥，大大提升了城市间的交通便捷性。如李冰在成都城"穿二江"的同时，即在"二江"之上修建了"七星桥"。"二江"环绕于成都城的西面和南面，阻断了城市与乡村的交通联系，而"穿二江"后修桥通行，即可将城外居住区与城内街市连为一体，加强成都城与其西南区域的联系。

随着马车日益普及，秦汉年间，巴蜀区域内的交通干线纷纷经历了改造升级，确保了大型车辆的顺畅通行。此外，得益于铁锯等铁制工具的广泛应用，船舶制造技术也随之革新，巴蜀水域不再仅限于小型的独木舟与木船，更大规模的木制船只应运而生，推动了河道的拓宽和码头设施的改造升级，以适应大型船只停泊的需求，码头规模显著扩大。这一时期，众多重要的河港码头在巴蜀地区涌现，不仅促进了水上交通的繁荣，也带动了周边一系列新兴城镇的兴起和发展。到了东汉时期，随着地方豪强势力在巴蜀的崛起，村落的结构与功能也出现了显著变化。特别是在山区，豪族控制的农村地区，出现了一种围绕防御目的构建的城堡式村落，这些村落四周常设防御性的水渠或深沟，甚至筑起高耸的围墙，并在墙体内嵌入观察与防御用的碉楼，形成了独特的碉堡型村寨形态，体现了当时社会权力结构与安全需求的变迁。这类村寨村落中修建的高大建筑，有的甚至可达4~5层，部分建筑群中还设置了戏台、看台等。此外，门阙也是村落空间中不可忽视的一个重要影响因素，具有深刻的文化内涵。至少在春秋时期，就出现了建于宫殿前的阙；而到秦汉之时，作为巴蜀地区传统村落突出的入口标志，其在城市和建筑群中就已普遍运用。

三　唐宋时期的巴蜀村落

唐统一天下后，于贞观元年（627 年）分全国为十道，巴蜀地区的益、梁二州分属剑南道和山南道；唐开元二十一年（733 年）全国改为十五道，分山南道为东、西两道，其中山南西道大部分辖区属今重庆地域；唐至德二年（757 年）又分剑南道为东、西两川。唐代时四川的社会经济十分发达，成为大唐帝国的粮食后方和战略基地，"安史之乱"时唐玄宗也曾入川避乱。五代时期，四川地区则主要由前蜀和后蜀所据。北宋咸平四年（1001 年）改制，于巴蜀地域设置益州路（后改为成都府路）、梓州路（后改为潼川府路）、利州路和夔州路，总称"川峡四路"或"四川路"，"四川"的得名由此而来。两宋时期，四川社会经济发达，农业、手工业和商业快速发展，城市繁荣，农村集镇也蓬勃兴起。

（一）商业与市场空间格局

在唐宋时代，那些展现出鲜明产业特色的商贸城镇呈现蓬勃的发展态势。以四川盆地中部丘陵地带的梓州为例，尽管该地区的农业发展水平不高，但其盐业与矿业却极为兴旺，加之优越的水陆交通条件，自唐肃宗时期以后，梓州一跃成为剑南东川的政治心脏地带及商业活动的核心区域。唐朝政府在此设立盐铁使，负责管理和控制铜盐贸易，这让梓州变身成为巴蜀地区首屈一指的盐和铜的集散枢纽。

唐代以前，四川地区的乡村就已在村或旷野出现了进行集市贸易的场所。农民采取以物易物的方式，换得各自所需要的商品。自唐朝以来，巴蜀大地上兴起了诸多被广泛称为"草市"的商业聚集地，如青城山草市、彭州唐昌县的建德草市、雅州严道县的遂斯安草市等。这些草市虽坐落于州城、县城的外围，但拥有固定的商铺，尽管其商业设施比城市中心区域简朴许多。可以说草市的大量涌现与农村商品经济的快速发展有着较高的关联度。比如茶叶作为一种特色产品，其商品化生产对草市的形成起到了关键作用。由于茶园大多分布在偏远的丘陵山区，远离州县，茶叶交易往往就近在茶山脚下的地点进行，于是围绕茶叶销售的草市逐渐形成，如剑南西川地区的青城山草市、遂斯安草市、味江草市，均是依托茶叶产地而形成的特色市场。而在剑南东川地区，一些偏僻的井盐产区也因盐业交易催生了草市，梓州盐亭县的雍江草市便是盐业繁荣的产物。总之，乡村经济的兴盛进一步促进了基于集市贸易的场镇发展，为明清时期大量传统场镇的兴起奠定了基础，而这背后实质上是农耕经济驱动下的村落聚变的直接反映。

（二）水路交通与村落环境

巴蜀区域的交通网络，在先前奠定的基石上，历经南北朝与唐朝时期的进一步拓展，迎来了显著的提升。此间，州与县之间路网密布，相互连通，大大增强了通行的便利性。向北穿越关中地域，径直可达长安，进而通向中原腹地；向东穿越雄奇的三峡，顺长江而下，可直达江陵（现湖北省荆州市），继而接壤江南富庶之地；向西则穿越羌族聚居区，通往吐蕃，线路延伸，直至连接西域诸国；向南深入云南，路径既可西延至印度、缅甸，也可南下至交趾、广州等地。随着商品经济的蓬勃兴起与国际贸易的日益兴旺，这些四通八达的通道演变成了繁忙的商贸动脉，见证了经济的持续繁荣与文化的广泛交流。

岷江是长江上游水量最大的支流，在蜀地范围内又可以行船。岷江流经的川西平原土地肥沃，自然资源丰富，江河商业运输频繁又带来城镇之间的商业文化交流，推动着沿江城镇的发展。岷江沿线的茂县、汶川、都江堰、彭山、眉山、乐山、宜宾等都是唐宋时期具有影响力的城镇。岷江上游河段流经川西高原和四川盆地西部边缘山地，河流深切，水流湍急，舟船难以通行，但可以漂竹木等建筑材料。为了更好地"通漕西山竹木",唐代又开通了新水渠,使岷山地区的竹木更加便捷地漕运到成都,为成都平原的城镇建设提供了充足的建筑材料。岷江流至灌口(今都江堰市灌口街道)经都江堰分流,形成检江、郫江和沱江三条主要河流。秦蜀郡太守李冰开凿检江、郫江以来,到唐代时一直可以通船。而从成都平原运往岷江上游地区的物资,到达灌口后需转陆路运输,唐德宗时期即在此建成转换搬运的合江亭,"蜀人入吴者,皆自此登舟。其西则万里桥"。这也是早期因物资转运形成的村落,到明清时期因转运搬滩形成的场镇就更为普遍了。

嘉陵江则蜿蜒穿越四川盆地中部,直至重庆汇入长江,自古以来便是盆地腹地一条至关重要的水上动脉。特别是在唐代,它成为连接剑南东川与巴南诸州的交通要道。进入中唐时期后,剑南东川地区以及果州、阆中的盐业与纺织业迎来了显著增长,随之而来的是大量的食盐、高品质丝绸、巴蜀特有的锦缎,以及诸如柑橘、中药材等地方特产,均需借助嘉陵江这条黄金水道进行运输,以满足市场的广泛需求。地处嘉陵江中游的阆中,"居蜀汉之半,当东道要冲"①,是四川盆地中部的交通枢纽,汉晋时期商业已称兴盛。在唐代后期,阆中的盐业和纺织业发展很快,"丝盐之利,舟楫之便,可以通四方商贾"②,城市商业更加繁荣。井盐主要是从产地转运到剑南三川各州县,依托水陆交通运输,促进了城乡村落的发展。

早在唐宋年间,四川的场镇便与驿站系统相结合,这一融合现象有着深厚的历史渊源。秦汉时期,巴蜀地区已铺设了密集的古道网;至唐宋时期,这些古道或经过改造,或新建为更加完善的驿道体系。遵循唐代每30里设一驿的规制,据学者估算,唐代四川境内的驿站数

---

① (宋)王象之编著《舆地纪胜》卷185《利州路·阆州》,浙江古籍出版社,2012,第2775页。

② (宋)唐庚:《重修思政堂记》,载曾枣庄、刘琳主编《全宋文》第140册卷3012,上海辞书出版社、安徽教育出版社,2006,第25页。

量可能接近 200 处。而南宋时期，因四川战略位置的提升，驿站数量更是显著增加，单是成都至长安驿道的南段，就串联了诸如两女驿、天回驿等多个重要站点。起初，驿站的设立旨在服务官方，包括文书传递、军事通信、官府信件流通、官员住宿及贡品物资的输送。然而，随着驿站网络的拓展，周边地区逐渐兴起了商业交易，进而演化出众多场镇。尤其到了唐宋后期，不少驿站因商业活动的繁荣而发展成为镇级行政单位，如成渝古道上的牛尾驿，于北宋时期升级为牛尾镇，后更名为太平镇，此类案例不胜枚举，如望喜驿、邮亭铺等，均见证了由驿站向镇制转化的过程。及至明清，驿站与场镇的融合模式已十分成熟，这一演变轨迹深深根植于唐宋时期驿站建设的坚实基础之上。

随着农村商品经济的蓬勃兴起，那些兼具商品生产集聚优势及便捷水陆交通条件的地点，逐渐孕育出一系列新兴的场镇集市。诸如蜀州境内的味江镇，彭州的导江镇、蒲江场、堋口场、木头场，以及雅州的名山场、百丈场，这些地方皆因盛产优质茶叶而闻名。开州的封盐场、黔州的盐井镇等地则依托丰富的井盐资源迅速发展。此外，凭借其作为水陆交通枢纽的地理优势，彭州的西津与南津、雅州的平羌津、泸州的绵水场、剑州的剑门关等地也成长为繁华的场镇，进一步体现了交通对于城镇兴起的关键作用。据《元丰九域志》记载，北宋元丰初年在四川境内就有场镇 696 个。新兴的场镇，既是农村商品的生产基地，又是商品的交换中心。手工业者定居场镇，利用乡村原料从事商品生产，住商则置铺坐卖，同时，乡村的商品和原料还运往其他城镇和地区出售，农村场镇集市也就起到了城乡商品生产的枢纽作用。清代四川的场镇建设达到前所未有的规模，其中许多场镇就是在宋代场镇的基础上恢复或发展建设起来的。

四　明清时期的巴蜀村落

明清之际长达 40 余年的战乱，加之严重的自然灾害，巴蜀地区的社会经济遭到极大破坏，造成"蜀省有可耕之田，而无耕田之民"的荒凉局面，田园荒芜，杳无人烟。人口由明万历六年（1578 年）的 310 万人，减少到清初时的 50 多万人。战乱平息后，为了尽快恢复四川的农业生产，清政府制定了"招抚流亡""移民实川""鼓励屯垦"等一系列恢复农业生产和发展社会经济的举措，吸引流亡在外的川民返川以及外省的农民入川，形成了四川有史以来最大的移民潮。整个移民活动前后延续近百年时间，来自湖北、湖南、广东、福建、江西、陕西、山西、云南、贵州等 10 多个省份的移民先后迁入四川地区。

（一）场镇集市与乡村村落

明清两代，巴蜀地域内以乡村集市为中心的贸易活动蔚然成风，其历史渊源可追溯至唐代晚期萌芽的草市，及至宋代广泛涌现的各类集市贸易小镇。随着明代商业的蓬勃兴起，农村市场的规模不断扩张，大量农产品被纳入商品流通领域。明朝初期，全国范围内流通量显著的集市已逾 400 个。受此驱动，四川各地的府州县治周边及广大农村区域，纷纷建立起了众多商贸区域和交易平台，比如在合州城内部，就细分出了专营木料、柴火、蔬菜、水果、茶叶、盐巴、布匹以及猪羊等商品的专门市场，形成了一个多元且繁荣的市场体系。合州地区设有 5 乡与 8 镇，铜梁县辖有 4 乡，定远县则拥有 4 个镇，洪雅县全境包含 6 乡，共计 11 处集市，各乡的商业活动各具特色、相互补充。城乡间的货物交换频繁，推动了场镇集市贸易的蓬勃兴起，加快了农产品的商品化进程。

在清代推行的移民政策刺激下，历经一个多世纪的经济复苏，四川地区至乾隆、嘉庆年间，农村经济呈现一片繁荣景象，农业产品的商业化趋势愈发明显。许多历史悠久的集市和贸易小镇得以复兴，并且不断有新兴场镇涌现。据统计，仅乾隆年间，成都周边就分布有 51 个大小不一的场镇；而到了嘉庆时期，这一数字激增至 195 个，是乾隆时期的 3 倍之多。① 学者高王凌的研究指出，嘉庆年间，四川大约拥有 3000 个场镇；至清末光绪、宣统年间，场镇数量增长至约 4000 个，创下历史新高。② 这些场镇大多围绕着农村集市贸易而形成，自然而然地成为农村文化和经济活动的核心地带。

"赶场"作为场镇的一种典型文化经济活动，指的是民众按照既定的时间表前往邻近场镇参与定期集市贸易的习俗。在这个过程中，乡村农民携带自家农产品至场镇出售，同时购回生活必需品以满足家庭日常需求。场镇与周边乡村的间距设定，通常是基于农民能够于一日之内轻松往返的考虑。当时，清代四川的场镇普遍服务半径维持在 3~5 公里，农民参与赶场的往返距离大约 10 公里，耗时为 2 个多小时。不过，具体场镇的布局间隔会依据地理条件及乡村经济发展的实际情况有所调整。以成都为中心的川西平原，因其土壤肥沃、人口稠密，场镇分布呈现较高的密度，相邻场镇间距离有时仅有 2~3 公里，加深了城乡之间的紧密联系。相比之下，四川中部的丘陵地带，场镇的分布距离较为适中，平均在 3~5 公里。至于盆地边缘的山区，场镇之间的距离则相应拉大，可达到 10 公里左右，虽然往返需时更长，大约 4~5 个小时，但仍确保了民众能够在一天内完成赶场活动。这种场镇空间布局模式，深刻体现了巴蜀城乡之间一体化的空间结构和互动关系。清代赶场都是按约定俗成的场期进行。一般是 10 天两次或三次，而以 10 天三次最为常见，如一、四、七，三、五、八，三、六、九，四、七、十等，称为"定期场"。通常情况下，几个相邻场镇的赶场时间会相互错开，附近乡民可以根据时间安排或空间距离灵活选择赶场的地点，而这种时间和空间轮流交换的场期，又俗称为"插花场"或"流流场"。

---

① 张兴国、袁晓菊、冯棣、罗强：《四川聚落》，中国建筑工业出版社，2021，第 17 页。
② 高王凌：《乾嘉时期四川的场市、场市网及其功能》，载中国人民大学清史研究所编《清史研究集》（第三辑），四川人民出版社，1984，第 74~92 页。

在场镇的演化进程中，除了常驻场镇的固定商家外，还活跃着一群穿梭于不同场镇之间的流动商贩群体。通过精心安排场期与场镇在时空上的交错布局，确保了邻近乡村居民与流动商贩能够日日参与集市，从而维护了一个相对宽广区域内文化与经济活动的连绵不绝。尤其在规模宏大的中心镇或县级城镇中，甚至出现了全年无休、每日开放的"百日场"。这些定期举行的市场、穿插其间的临时市场以及持续运营的"百日场"，共同编织成了清代四川特有的场镇网络，深刻映射出该地区城乡社会结构的独有风貌。尤为重要的是，这一系列场镇活动的传统，历经岁月洗礼，依然在当代社会中生生不息，延续着其旺盛的生命力。

巴蜀乡村的集市贸易活动，经历了从自发性商品交易点到固定场镇聚落的演变历程，随之促进了专门服务于商业活动的店铺与手工作坊的兴起。诸如饭馆、酒肆、茶楼等服务业，以及处理农产品的加工作坊，比如榨油坊、酿酒厂、酱醋工坊，还有木工作坊、铁匠铺等，成为场镇不可或缺的组成部分。四川的场镇，往往兼具水陆交通枢纽的角色，它们不仅促进了本地商品的流通，还吸引了客栈、货栈等商业设施的大量设立，以应对频繁的货物交易和人员往来。这些不同功能的建筑沿街分布，共同塑造了场镇独有的空间布局和环境特色，区别于传统乡村村落。场镇集市的核心活动仍旧聚焦于农副产品的买卖与交换，尤其是在那些靠近经济作物产区的地方，更能发展成特定土特产的交易中心。比如，都江堰市青城山周边的中药材，经由太平场、中兴场的商贾集中收购，再通过石羊场大市转运至元通场这一药材集散地，最终销往全省乃至全国各地。通过经济贸易的联结，场镇与乡村、不同场镇之间以及场镇与城市，织成了一张富有巴蜀特色的城乡聚落网络，展现了区域经济的活力与多样性。因此，场镇的赶场，尤其是届会活动，为乡民提供了聚会休闲的条件，有的乡民赶场就是为了亲朋好友之间聚会聊天、饮茶喝酒，场镇也就成为乡村地区重要的文化休闲中心。

（二）移民与城乡多元文化

秦汉及唐宋时期的四川都有过多次移民活动，每次移民活动都会给巴蜀的文化带来不同程度的影响。清代的"湖广填四川"作为四川历史上规模及影响最大的移民活动，移民来源更加广泛，涉及全国 10 多个省份。从文化层面上来说，首先遇到的就是语言交流问题。初期的移民来到四川，往往存在语言沟通的障碍，一个村落中多种语言混杂。而在广大乡村地区，由于不同省份移民的相互通婚，甚至一个大家庭内部也会出现语言沟通的障碍。在生产生活的长期交流碰撞中，巴蜀地区以包容开放的姿态接受异地文化习俗，并与本土文化不断融会创新，逐渐形成新的方言文化，不过其中也保留着浓郁的区域文化特色。例如，川西、川南、川东、川北的语音既有四川方言的共同特征，又有不同的区域特色，不但语音、语调有明显的差异，一些生活常用词汇也有区别。这与移民分布的区域文化有关，如川东、川北移民进入更早，来自湖南、湖北的移民聚集最多，语言文化的包容性更强，而川西、川南的原有居民人口相对较多，语言习俗中遗存的本土文化也更多。

同时，文化包容创新特色最突出的是川剧。无论是城市还是乡村，在戏曲艺术上，清代早期的移民都有各自的文化情结，他们入川后在同一空间环境下展示着不同的艺术风格，并有不同的唱腔和语言表达形式。经过相互交流以及不断融会贯通，在文化碰撞的火花中逐渐孕育出川剧的五大声腔特色。所谓川剧的五大声腔，就是融会了江苏的昆腔、江西的高腔、安徽与湖北的弹戏、西北的胡琴以及四川本土的灯调而成。而四川的茶馆、酒肆、祠庙、会馆，又为移民文化交流创造了必要的空间环境。四川不仅盛产茶叶，其居民对于饮茶也有着深厚的热爱，这一点在城乡各处星罗棋布的茶馆中体现得淋漓尽致。这些茶馆，无论大小，都是百姓辛勤劳作后放松身心的理想去处，饮茶习俗由此成为四川人生活中的一大特色，一杯清茶便足以开启人际文化交流的通道。更值得一提的是，四川城镇中的祠庙与会馆常常配备有戏台，这些场所，连同茶馆一起，为四川文化的交汇与创新提供了绝佳的舞台，促进了语言艺术与地方特色的融合发展。

（三）农耕文化与清代乡村村落

清代巴蜀地区的农业发展，川西、川东的差距较大。川西平原既有得天独厚的地理气候环境，又得益于秦汉以来开发建设的都江堰水利工程。历史上，灌县、郫县、崇宁、温江、新繁、新都、成都、华阳、双流等主要灌区依靠都江堰水利工程发达的灌溉水系，农业经济发展曾盛极一时。而在明末战乱中，因都江堰遭到严重破坏，川西平原的农业经济也遭受重创。清朝前期持续不断的入川移民，不仅推动了四川农业经济的全面复苏和繁荣，四川的农耕文化也得到了显著发展。在巴蜀乡村，外省移民聚族定居的情况十分普遍，一个村落通常由单一姓氏的家族世代居住，其名称也习惯性地结合地形地貌特征与家族姓氏，比如"黄家湾""罗家坝""王家沟"等，体现了姓氏与地理环境的紧密联系。这些村落尽管以血缘关系为纽带聚居，但在四川盆地的丘陵与山地地区，受限于以小家庭为基本生活单元的传统和社会实践，以及分散的山地农耕条件，居民点分布较为零散，不易形成密集的聚落形态。相反，川西平原因其平坦的地势和集中的土地资源，乡村聚落依然以小家庭为核心聚居，但聚落结构更为紧凑，院落相对集中，尽管如此，每户的房屋朝向仍多样，受到传统居住习惯的影响。这些连片的村落周围多被竹林包围，灌溉水系穿梭其间，形成了川西平原特有的"林盘"村落景观，如大邑县鹤鸣镇新民村的"傅家扁""牟家扁"等，其命名也映射出平原地形与主要居住家族的特点。此外，清代四川乡村中规模较大的家族社群，普遍拥有自己的家族祠堂，这些祠堂作为独立的建筑群落，不仅是家族的物理中心，也是村落的精神和礼仪重心，深刻反映了农耕文明在四川乡村空间布局中形成的烙印。

第二节　巴蜀地区传统村落的社会价值

一　文化遗产价值

（一）历史见证记录价值

巴蜀地区，作为中国西南部的重要文化发源地之一，其传统村落完好地保存了从古蜀文明到现代文明的连续历史印记。这些村落中的古建筑、石刻、壁画、民俗文物等，是研究巴蜀乃至中国历史不可或缺的实物资料。巴蜀地区的传统村落，凭借其丰富且完好的历史遗迹，为当代社会提供了一个综合性的研究平台，使我们能够从多个角度透视古代社会的全貌。这些村落不仅仅是中国乃至世界文化遗产的重要组成部分，更是连接过去与未来的桥梁，不断地启发着后人对于人类文明演进的思考和探索。因此，加强对这些传统村落的保护与研究，对于传承和弘扬中华优秀传统文化，促进文化自信与多元文化的交流互鉴具有不可估量的价值。

（二）民族文化展示价值

巴蜀地区自古以来就是多民族聚居之地，如汉族、藏族、羌族、彝族等，各民族文化的交融与独特性在传统村落中得到了生动展现。村落中的建筑风格、节日庆典、民间艺术、语言文字、服饰饮食等，都是民族多样性和文化交流融合的鲜活例证，对于促进民族文化认同、维护文化多样性具有重要意义。因此，巴蜀地区不仅仅保留了各民族的文化基因，更促进了文化的交流与融合，为世界文化多样性贡献了宝贵的财富。在全球化日益加深的今天，保护好这些村落及其所承载的民族文化，对于增强民族凝聚力、推动社会和谐发展、促进国际文化的对话与理解具有不可替代的重要意义。

（三）文化遗产活化价值

巴蜀地区的传统村落中非物质文化遗产的活态传承，不仅仅是技艺的传递，更是一种文化精神与社区认同的接力。它让古老的智慧与技艺在现代社会找到新的生命，促进文化多样性的维护与发展。比如川剧变脸与吐火技艺在国际舞台上的惊艳亮相，不仅让世界感受到了中国传统文化的魅力，也激发了年青一代对传统文化的兴趣与自豪感，促进了文化创新与跨界融合的新尝试。同时，这些活态文化的存在，还增强了村落社区的凝聚力与身份认同，成为村落可持续发展的重要文化资本。通过举办文化节庆、技艺展示、工作坊等活动，既让外界了解和参与到非物质文化遗产的保护中，又为村落带来了新的发展机遇，实现了文化价值与经济价值的双重提升。总之，巴蜀地区传统村落中非物质文化遗产的活态传承，不仅仅关乎文化血脉的延续，更是在全球化背景下，构建人类命运共同体、促进文化多样性与可持续发展的重要途径。

（四）乡土生态智慧价值

巴蜀地区的传统村落，不仅仅是居所，更是自然哲学与本土智慧的实体展现。人们利用地形地貌的自然优势，将传统村落巧妙地依山傍水而建。例如，吊脚楼顺应山地陡峭地形，既避免了地面潮湿，又减少了对土地的开垦破坏，体现了人与自然环境的和谐共生之道。例如，穿斗结构的广泛应用，不仅仅展示了古人在建筑技艺上的高超智慧，更是一种适应湿热气候的生态设计。而且采用密集的木构架支撑屋顶使建筑形成了良好的通风效果，减少了室内潮湿，提高了居住的舒适度，同时减少了对能源的依赖，是绿色建筑理念的早期实践。可以说，这些乡土建筑不仅仅富有地域特色，更蕴含着深刻的生态哲理，为现代城市规划与建筑设计提供了宝贵的经验与灵感。

二　社会经济价值

（一）乡村旅游动力价值

巴蜀地区的传统村落，展现了乡村旅游的独特魅力，吸引着国内外游客纷至沓来。从蜿蜒的山间小径到潺潺流水的古桥，从炊烟袅袅的农家小院到古木参天的村头巷尾，每一处风景都讲述着古老而又生动的故事。乡村旅游的迅速兴起为巴蜀地区的经济发展注入了新的活力。它不仅直接推动了当地旅游收入的显著增长，还间接激活了一系列相关产业链，包括餐饮业的多样化、住宿设施的升级换代、交通运输的便利化以及手工艺品市场的复兴。这些变化不仅仅丰富了游客的体验，更为当地居民创造了广泛的就业机会，提高了家庭收入水平，有效缓解了农村剩余劳动力的问题。更重要的是，乡村旅游的健康发展模式，为文化遗产的保护与传承探索到了一条可行之路。游客对原生态文化的渴望促使地方政府和村民更加重视对传统村落的保护，避免了盲目商业化带来的破坏，促进了对古建筑的修缮、民俗文化的挖掘以及生态环境的维护。

（二）手工艺品市场价值

巴蜀地区以其深厚的文化底蕴和丰富的自然资源，孕育出诸多精湛的手工艺传统。蜀绣的细腻精美、竹编的轻巧耐用、陶器的古朴典雅、漆器的光泽华丽，每一件作品都是匠人心血与智慧的结晶，承载着巴蜀文化的独特魅力和艺术价值。这些手工艺品不仅仅是一件件商品，更是巴蜀文化传承的活化石，具有不可估量的文化意义和社会价值。随着互联网技术的迅猛发展，电商平台成为手工艺品市场振兴的关键推手。通过淘宝、京东、拼多多等知名电商平台，以及专注于手工艺品的小众在线市场，巴蜀地区传统村落的手工艺品得以跨越地理限制，直面全国乃至全球的消费者。数字化营销策略，如直播带货、短视频展示、社交媒体推广等，极大地拓宽了传统手工艺品的销售渠道，使它们从偏远乡村走向广阔市场，满足了现代消费者对个性化、高品质手工艺品的追求，同时也促进了手工艺知识的普及和技艺的传承。

（三）农业遗产经济价值

巴蜀地区，作为农业文明的摇篮之一，其传统村落中蕴藏着丰富的农业文化遗产，如错落有致的梯田、精巧的水渠灌溉系统，这些不仅仅体现了古代劳动人民的智慧与勤劳，更是人与自然和谐共生的生动例证。在现代农业快速发展和全球可持续发展目标的背景下，巴蜀地区的农业文化遗产被赋予了新的使命——通过经济赋能，实现传统与现代的完美融合，促进绿色经济的增长。比如巴蜀地区的梯田系统，不仅优化了土地利用，还形成了独特的微气候，适宜多种作物的生长。通过引入有机耕作方法，减少化学肥料和农药的使用，不仅保护了土壤健康和生物多样性，还提升了农产品的品质，满足了市场对健康、绿色食品的需求，打开了高端消费市场的大门。

（四）社区共享经济价值

在乡村振兴与传统村落保护的背景下，社区共享经济模式成为推动地方发展的重要途径。巴蜀地区的传统村落通过创新机制，积极鼓励并引导当地社区居民参与到村落的保护、管理和旅游开发中，不仅激发了村落经济的内在活力，还促进了乡村社区成员间的团结协作，构建了一种共赢的社区发展模式。比如通过成立手工艺品合作社、农产品合作社等形式，村民们可以集体销售自家的手工艺品、土特产，或是联合对外提供旅游服务，如组织游客体验农事活动、品尝地道农家菜等。合作社不仅整合了资源，提高了议价能力和市场竞争力，还确保了经济收益能够更加公平地分配给每一位参与者，减少了中间环节的利润流失，让村民直接受益，从而显著增强了社区的凝聚力和归属感。共同参与村落的保护与开发，让村民们有了共同的目标和责任，增强了村民之间的联系和互助，构建了一个和谐共生的社区环境。

三　生态环境价值

（一）保护生物多样性价值

巴蜀地区的传统村落不仅仅是人类居住的空间，实质上它们构成了生物多样性保护的天然网络。这些村落周围的山林、溪流、湿地等自然生态系统，作为生态走廊，连接着更广阔的自然保护区，共同维护着区域内物种的迁徙路径，确保了基因流动，这对于保护濒危物种、维持生态系统的完整性和稳定性至关重要。例如，四川的大熊猫栖息地就与周边的多个传统村落形成了相互依存的关系，当地居民的传统知识和习俗在不经意间为大熊猫等珍稀野生动物提供了宝贵的生存空间。

（二）自然生态服务价值

自然景观不仅美化了乡村环境，还直接贡献于地方经济与文化的可持续发展。梯田不仅是农耕文明的象征，其独特的灌溉系统有效缓解了山区的水土流失问题，同时，梯田风光成为吸引游客的重要资源，带动了乡村旅游和生态农业的发展，为当地居民提供了额外的收入来源。竹海和古树名木不仅仅是生态系统的活化石，更是承载着丰富文化内涵的自然遗产。公众通过参与生态旅游和文化体验活动，提升了对生态保护的认识，促进了生态文化价值的传播。

（三）可持续生活价值

巴蜀地区传统村落中的生态智慧不仅仅是历史的遗迹，更是现代可持续发展策略的灵感源泉。当前，随着全球对环境保护和气候变化的关注加深，这些传统做法正被重新发掘并融入现代技术，以创新的方式推动绿色转型。例如，利用现代科技改良传统雨水收集系统，提高水资源利用效率；结合太阳能、风能等可再生能源，减少对化石燃料的依赖；推广有机农业和生态农业，减少化学肥料和农药的使用，既能保护土壤健康，又能提升农产品质量。此外，通过增加教育和社区参与项目，让当地居民尤其是年青一代了解并参与到传统生态智慧的传承与实践中，为构建生态文明社会奠定坚实的社会基础。

（四）公众生态教育价值

在巴蜀地区的传统村落中，生态教育不能局限于书本知识的传授，而应通过亲身体验与实践，让参与者深刻理解自然之美与生态之脆弱。学校、非政府组织以及地方政府通过加强合作，经常性地举办生态工作坊、自然观察营、农耕体验日等活动，引导儿童及成人走进森林、稻田、溪流等自然景观中，近距离观察野生动植物、亲手参与农作物种植与管理，从而在体验中学习生态系统的基本原理与相互作用。这种寓教于乐的方式，有效提升了公众特别是青少年群体对生态保护的意识，培养了他们作为地球未来公民的责任感和环保行动力。同时，通过村落文化节、生态摄影展、环保主题艺术创作等形式，进一步扩大生态教育的影响力，促使更多社会力量关注并参与到生态保护的行列中。

（五）生态补偿发展价值

面对经济发展与生态保护的双重挑战，巴蜀地区可以积极尝试并推广生态补偿机制，为传统村落的可持续发展找到一条可行之路。该机制通过政府财政直接补贴、建立生态公益岗位、生态旅游收益回馈社区等多种形式，为保护生态的村民提供经济激励，减轻因限制开发而带来的生计压力。例如，一些村落依托其独特的自然景观和文化遗产，发展生态旅游，游客支付的门票费、体验活动费用等部分用于生态保护和社区发展基金，既保障了村民收入，又确保了生态环境的持续改善。此外，政府还鼓励和支持村民开展绿色农业、生态养殖等产业，减少化肥、农药使用，采用有机种植技术，既保护了土地和水资源，又提升了农产品的市场竞争力，实现了经济效益与生态效益的双赢。

第三章 巴蜀地区传统村落的
形成与空间分布

在中国的西南腹地，巴蜀地区以其独特的自然风貌与深厚的历史文化底蕴，孕育了丰富多彩的传统村落景观。这些传统村落不仅仅承载着千年的历史痕迹，更是多元文化交融共生的活态"博物馆"。在本章内容的阐述中，笔者主要从自然地理、古道移民、民族分布、经济活动等方面来阐述巴蜀地区传统村落形成的驱动因素。在此基础上，笔者也将研究的视线转移到巴蜀地区传统村落的空间分布上，通过考察村落的民族类型、选址类型、民居类型、平面类型以及组合模式，总结巴蜀地区传统村落的空间分布特征。

第一节 巴蜀地区传统村落形成的驱动因素

一 自然地理——先天划定的自然地域优势

自然地理是传统村落诞生和发展的基石，其地形地貌、水系气候等因素深刻影响着村落的宏观布局乃至微观构造。以四川省为例，其错落有致的山脉框架限定了传统村落的地理边界，主要集中在高原、蜿蜒的山地和起伏的丘陵地带，这些地带因邻近水源而生机勃勃。一个显著特点是，传统村落大多依山傍水而建，尤其偏好分布在高原湖泊之畔、山间溪流之侧及丘陵谷地之中。在四川，海拔超过 1000 米的村落数量达到 104 个，占比约为 46.2%；而位于海拔 1000 米以下的村落则有 121 个，占比约为 53.8%。这一分布格局清晰地映射出自然地理条件对村落选址的决定性作用，彰显了人与自然和谐共生的古老智慧。① 而且超过 85%（193 个）的传统村落坐落于距河流不超过 15 公里的范围内，强调了水资源对村落选址的强烈导向作用，形成了以河流为中心的显著空间分布特征。② 比如羌族的传统村落倾向于聚集在岷江流域的中上游区域，那里的高原山地环境为居民提供了理想的栖息之地；而藏族的传统村落则大多集中于大渡河的中上游地带以及雅砻江的中游区域，这些流域的自然条件同样满足了他们特定的生活与生产需求。这不仅体现了河流对村落形成的直接影响，也反映了不同民族依据自然环境条件进行适应性聚居的智慧。

与此同时，巴蜀地区多样的自然环境为传统村落的建设提供了诸如木材、石材、竹子、泥土等丰富多样的天然建材，这些资源的差异性直接反映在各具特色的民居建筑设计上。以重庆为例，鉴于其地形以山地、丘陵为主，可供建房的地面空间相对有限，加之夏热冬暖、雨量充沛的气候特点，当地居民在建造住宅时不得不巧妙地平衡空间利用与环境适应的双重考量。居民通过精心设计方案，以应对夏季的酷热，确保室内能够有效隔绝外部高温，同时利用自然通风降温；冬季则侧重于采光保暖，并强化建筑的防潮功能。在此背景下，一系列富有创造性和适应性的民居样式应运而生，包括悬挑式、廊坊式、层叠式、骑楼式、吊脚楼式和凉亭式等，这些设计不仅展现了人与自然

---

① 陈青松、罗勇、张洪吉等：《四川省传统村落空间分布特征及其影响因素》，《测绘与空间地理信息》2018 年第 2 期，第 49~52 页。

② 刘有于、冯维波：《四川省传统村落空间分布特征及其影响因素研究》，《南方农村》2019 年第 6 期，第 36~42 页。

和谐共生的智慧，也成为地域文化的直观体现。尤其是吊脚楼，这种建筑形式完美融入了山地与水域的自然环境，凭借其简洁而实用的结构，不仅实现了良好的通风透气，有效避免了地面湿气与野生动物的侵扰，还最大限度地利用了地形，减少了对自然环境的干预，充分展示了当地人对自然资源的尊重与高效利用。吊脚楼因此成为巴蜀地区一个标志性的建筑符号，象征着居民们顺应自然、巧借地利的建筑艺术和生活哲学。

二　古道移民——迁徙流动中的兴起与融合

巴蜀地区的古代移民史大致可以分为三个阶段：一是元代以前，从北向南移民；二是元、明时期，从东向西移民；三是清代，以从东向西为主、以从北向南为辅的移民。[①]

在元代以前，中国的人口核心区域主要集中在黄河流域。尽管自汉朝以后，南方地区的经济已呈现逐步增长的态势，但政治权力中枢依然稳固于长江以北。自东汉晚期至两宋年间，历经数次大规模的人口南迁浪潮，中国的总体人口分布重心开始缓缓向南迁移。这一历史进程中，对于那些从北方迁徙至巴蜀地区的人群而言，该群体的足迹多循着古老的川陕驿道展开，其中包括从关中通达汉中的几条关键路线：子午道、傥骆道、褒斜道和陈仓道，以及继续南下四川所必经的荔枝道、米仓道和著名的金牛道等。这些古道不仅见证了古代人口流动的轨迹，也促进了南北文化的交流与融合，加速了巴蜀地区的发展与繁荣。

子午道在东边，是从长安（今西安）通汉中的最近道路，与现代公路 G210 线路大致重合。由子午道向西，是傥骆道，与现代公路 G108 走向大致相同。再由傥骆道向西，是褒斜道，可从关中平原西端

① 赵逵：《"湖广填四川"移民通道上的会馆研究》，东南大学出版社，2012，第3~4页。

的眉县到达汉中，是中国古代跨越横岭、由关中入蜀、开凿时间早、规模大、沿用时间长的一条道路。褒斜道以西，是陈仓道，因道路北端入山处为秦汉时的陈仓县而得名，可从宝鸡东面的陈仓，经大散关，到达汉中。荔枝道，因唐代诗人杜牧诗句"一骑红尘妃子笑，无人知是荔枝来"而广为人知，此道起始于西安，经由子午道延伸，直至西乡县的子午镇，穿越峻峭的巴山山脉，最终抵达涪陵。这条路线因其与古代宫廷运送荔枝的故事相连，而在中国历史上留下了浪漫的一笔。米仓道，则因其穿越米仓山脉而得名，路线自汉中南下，沿冷水河谷攀爬而上，跨越米仓山后，沿着南江河谷顺流而下，进入巴中，随后沿巴河、渠江而行，最终在合川汇入嘉陵江，通往重庆。这条古道不仅是商贸往来的重要通道，也是联通南北的自然与文化走廊。金牛道作为古代川陕之间的交通大动脉，其路径自汉中出发，经勉县、宁强县，继续向南穿过广元、昭化、剑门关、武连、梓潼、绵阳、德阳等地，直至成都。李白笔下的"蜀道之难，难于上青天"，正是描绘了金牛道中宁强至广元段的极度险峻。而"一夫当关，万夫莫开"的形容，则精准刻画了金牛道上剑门关这一处军事战略重地的险绝与壮观。这些古道不仅见证了古代物流与文化的交流，也是巴蜀地区与外界联系的命脉所在，承载着厚重的历史与文化价值。另外，从陈仓道再往西，就是祁山道，因诸葛亮的"六出祁山"而闻名，可从甘肃天水，翻越祁山，经陇南，到达汉中市略阳县。

元、明两代，中央王朝在民族地区实行土司制度。明代大约在洪武二年（1369 年）开始向西南地区移民，并逐渐从"江西填湖广"演变成"湖广填四川"。明代的屯边政策使几十万军队到达西南，再加上随军家属，大量移民进入了巴蜀地区。清代从康熙十年（1671 年）到乾隆四十一年（1776 年），基本是明末移民的延续，以"生活移民"为主；从清代道光时期至民国初年，以"商业移民"为主。从东或东南进入巴蜀地区，主要是沿长江以舟行水或经三峡栈道穿过三峡，到达巫山、奉节、万州等地，或从清江溯江而上，从湖北恩施、利川再至万州或渝东南地区。从南进入巴蜀地区，主要是通过渝黔盐道，包括渝东线（从贵州松桃、铜仁、镇远等地至重庆涪陵）、中线（从贵州遵义、贵阳至重庆綦江东溪镇）、西线（永宁道、合茅道）。南路是广东、广西、湖南、湖北、福建等省份的移民进入巴蜀地区的主要路线，大规模移民进入巴蜀地区的原因是多方面的：一是战乱和社会动乱；二是巴蜀地区物产丰富、气候湿润，适合生产、生活；三是官方的倡导和组织。①

因此，随着古道移民的涌入，巴蜀地区的传统村落不仅在社会结构上呈现多元融合的"五方杂处"现象，其空间布局与建筑风貌也经历了深刻的变革。这些变化不仅体现在村落结构的调整上，还深深烙印在建筑风格的演进之中。南方各地的建筑特色随着移民的脚步被引入四川盆地，诸如采用封火墙的设计元素，以及广泛采纳增加居住空间的二楼挑楼或挑厢构造。来自荆楚地区的弯曲瓦脊和通风良好的抱厅设计，徽派建筑中精致繁复的雕刻艺术，以及客家文化中强调防御功能的土围子和碉楼，还有闽粤地区特有的从厝、横屋、骑楼等建筑形态，它们在与四川盆地独特的自然环境——包括气候、地形、本土建材——相结合的过程中，与当地的穿斗结构、夹泥墙技术、宽大的屋檐、青灰色的小瓦片、延长的吊脚和高耸的地基等传统特色相互融合，共同孕育出了巴蜀地区独一无二的建筑风格，既保留了传统的韵味，又融入了外来的创新，展现了建筑文化交汇与创新的生动例证。②

三 民族分布——多民族互动形成文化图景

巴蜀地区历来为多民族聚居地，其中汉族、彝族、藏族、羌族、

---

① 冯维波：《重庆民居：传统村落》（上卷），重庆大学出版社，2017，第17页。
② 熊梅：《川渝传统民居地理研究》，博士学位论文，陕西师范大学，2015，第23页。

苗族、土家族、纳西族、布依族、白族、壮族等为世居民族。从人口分布来看，彝族、藏族、羌族主要聚居在川西南高山峡谷和川西高原地带的凉山彝族自治州、甘孜藏族自治州、阿坝藏族羌族自治州、绵阳市北川羌族自治县、乐山市马边彝族自治县和峨边彝族自治县；土家族和苗族主要聚居在盆地东部重庆下辖的少数民族自治县和盆地南缘的泸州市、宜宾市，土家族尤其集中于重庆石柱土家族自治县、秀山土家族苗族自治县、酉阳土家族苗族自治县和彭水苗族土家族自治县；回族、蒙古族等主要以散居或杂居的形式分布在川渝地区的各大城镇或乡村。

可以说，彝族、藏族、羌族、土家族、苗族等主要少数民族群体，通常拥有较为集中的聚居区域，而其他少数民族则与汉族群体交错杂居或广泛散布在汉族聚居地内，形成了大范围混居与小规模聚居并存的居住格局。在居住建筑的多样性方面，汉族聚居区域展示了丰富的建筑风格，既包括气势恢宏的府邸、宅院、庄园式住宅，也有紧凑的城镇店铺住房，以及具有特色的客家民居和近代公馆。这些建筑普遍采用穿斗结构，设计的天井有助于采光、通风，门窗栏杆精美，封火墙和屋脊装饰则增添了安全与美学价值。藏族聚居地的居住形态随生态而异，牧区居民以适应游牧生活的帐篷和简易冬居小屋为家；而在农业区域，除了常见的民居，还有体现藏族特色的土司官邸，这些住所内设主室火塘、经堂，并装饰有各式民族元素，体现了藏族的文化特色和生活智慧。羌族聚居地则以石碉房、土碉房和板屋等坚固耐用的建筑为主，以及代表权力与地位的土司官寨。羌族民居的特色在于主室角角神、火塘等精神与生活核心区域的设置，以及丰富的装饰细节，彰显了羌族人民与自然和谐共处的生活哲学。至于其他如彝族、苗族等少数民族聚居地，其建筑特色各异，如彝族的瓦板房、土墙瓦房，以及土司府邸，这些住宅在结构上采用木构拱架，门窗隔扇精雕细琢，特别是在屋脊和檐口等部位装饰讲究，色彩搭配上偏好黑色、红色、黄色，既实用又美观，反映了该地区民族的审美情趣与生活环境的和谐统一。

四　经济活动——资源利用需求而产生村落

历史上，经济的蓬勃发展有力地推动了乡村的兴盛与扩张。随着生产效率的提升，盈余商品大量流向全国乃至国际市场。诸如茶马古道、川盐古道、南方丝绸之路之类的贸易路线的开辟，不仅拓宽了生计渠道，也促使了乡村逐步向这些商贸动脉聚集，展现出一种沿交通线延伸的集中布局形态，并促进了工商业村落的兴起。近代工业的进展加速了交通方式的革新，过往依赖人力搬运的古老商路逐渐式微，取而代之的是机械化运输网络的建立。为了把握新的发展机遇，人口和资源再次向现代化交通干线聚集，导致昔日古道周边的村落慢慢衰退，而新兴村落则在交通便利之处蓬勃发展起来。另外，那些交通不便的区域，由于与外界交流受限，外来文化的渗透相对较少，这在客观上有助于维护当地居民的传统生活方式，以及防止传统建筑因外界开发而遭到破坏，从而更好地保存这些村落的原始景观和文化特质。

在近现代较长时期内，传统村落与所在区域的经济发展程度表现出一种负相关趋势，即城镇化的推进往往伴随着传统村落的减少。以渝东南地区为例，该地区的城镇化程度不高，酉阳、彭水等地尤为突出，显示出低城镇化水平与传统村落密集并存的现象。相反，在渝西地区，如以璧山、江津和永川为典型，呈现高城镇化水平与传统村落同样集中的不同模式。通过将四川按照 20 公里为单位划分为 7 个层级的区域，并将这些区域与传统村落分布图叠加分析，可以说超过半数的传统村落与最近的中心城市的直线距离落在 40~100 公里范围内，平均距离为 70.20 公里。这些远离都市中心的传统村落，因减少了现代文化的直接冲击与同化，尤其在城镇化进程缓慢且多民族聚居的区域，其传统文化和村落风貌得以更加完好且纯粹地保留下来。

五　其他因素——多元社会因素交织而形成

四川传统村落的构建深受多元社会因素的影响，尤其是历史战事、自然条件与民族文化交织在一起，共同塑造了其独特的风貌。在历史的长河中，四川汉族人民为求安全，往往选择在地形复杂的山区或交通要道的交会处建造易守难攻的寨堡式村落。与此同时，藏族与彝族则根据自身环境和防御需求，分别建造了坚固的石碉楼和土碉楼，以应对潜在的威胁。而羌族人民，鉴于所处地域地震频发，智慧地选择了高山台地作为聚居地，建造既能抵御地震又适应地形的居所。在四川藏族聚居区域，考虑到地震的安全隐患，当地建筑多采用梁柱体系框架式的密梁平顶结构，以增强稳定性。甘孜藏族自治州的道孚、炉霍等地，还发展出了既抗震又保暖的特殊建筑样式，即"崩空"，其箱形结构体完美适应了当地的自然条件。羌族的传统住宅，如石碉房和木架坡顶板屋，同样体现了高度的抗震性能，这些建筑不仅坚固耐用，也是民族文化与自然智慧的结晶。此外，追求适度的人口分散与聚居平衡，这一理念在巴蜀地区的汉族村落规划中得到体现，促成了大范围分散、小群体聚居的居住模式，既保证了社群间的相互支持，又维持了各自独立的生活空间。

第二节　巴蜀地区传统村落的空间分布特征

传统村落是一个复合的类型同构综合体，包含对人类秉性、地理环境以及村落本身的形态和单体建筑等多个维度的特征归纳。从传统村落的形成来看，人地关系是传统村落诞生的基础，地理环境的多样性天然地造就了传统村落的类型差异，是传统村落类型多样的主要原因。因此，从空间分布的角度来看，巴蜀地区的传统村落则能够在此基础上形成不同的民族类型、选址类型、民居类型、平面类型以及组合模式，以此来构成整个巴蜀地区传统村落的空间结构。

一　巴蜀地区传统村落的民族类型

巴蜀地区以其独特的地理位置与悠久的历史底蕴，孕育出丰富多元的民族文化生态。在传统村落的维度下，该地区的民族分布展现出一种既相对集中又广泛交融的动态平衡。民族群体的地域性聚集特征显著，同时不同民族间的交错分布格局构成了整个巴蜀地区传统村落的民族类型。具体而言，巴蜀地区传统村落中的民族主要包含两类，分别是氐羌型和汉蒙型。具体而言，氐羌型传统村落深深植根于西南山区的广阔地带，它们不仅广泛点缀于四川西部的崇山峻岭间，还延伸至重庆东南部的幽谷深壑之中，这些村落承载着氐羌民族的历史记忆与文化特色，其建筑风格、生活习惯及宗教信仰均烙印着鲜明的族群印记。而汉蒙型传统村落则主要散布于四川东部的富饶平原与重庆西部、北部的边缘地带，这些村落体现了汉族与蒙古族文化的融合，展示了两种文化在建筑、语言、习俗上的相互渗透与和谐共生。从更宏观的角度来看，巴蜀地区的民族分布图谱呈现一幅复杂的交织画面。汉蒙与氐羌两大民族集团构成了社会结构的主体框架，其广泛的交融区域几乎覆盖了整个巴蜀腹地，展现了历史上频繁的文化互动与人口流动现象。这种交融不仅仅限于主要民族集团之间，更是贯穿于众多民族的分布之中，形成了"你中有我、我中有你"的多元化社会结构。

另外，尽管多数民族在特定区域内显示出相对集中的分布趋势，反映了各自适应环境、利用资源的独特方式，但民族之间的边界并非绝对隔离。相反，村落间的频繁交流与联姻，以及共同参与的市场、宗教活动等，促进了文化元素的相互借鉴与吸收，进一步强化了巴蜀地区传统村落的民族交融性。因此，巴蜀地区的传统村落不仅仅是民族文化的微观展示窗口，更是民族融合与文化多样性共存的生动例证。

二 巴蜀地区传统村落的选址类型

西南地区地形地貌复杂，地势高低变化显著，形成了众多的地形区和地貌单元，其中的传统村落由于所处的地理特征不同而差别巨大，这在一定程度上影响着传统村落的类型。从地形来看，巴蜀地区以山地、盆地为主。但从微观上来看，不同地形区内又进一步存在着各种地形地貌。例如，四川虽是盆地地形，但是内部既有平原，也有丘陵，同时还存在着由平行岭谷形成的山地地形。而横断山脉虽以高山为主，但高山之间也有各类地势平缓的谷地。地貌奇特的云贵高原更是如此，包含着山地、平坝、丘陵等地形元素。这种大地形之中包含多种其他地形地貌的特点是西南地区自然环境复杂性的重要体现，为西南地区村落的选址提供了多种选择

（一）高山峡谷型传统村落

西南地区地处我国内陆边陲，其中四川西部在地形构造上属于我国青藏高原的一部分，这些地区就是由数条山脉组成的横断山脉，其横亘在西南地区内部，形成了我国第一阶梯和第二阶梯的天然分界线。这些山脉的海拔与青藏高原相当，使得这些地区形成了有别于其他地区的高寒山地气候。这一地带的特点是海拔的剧烈起伏和密集分布的高海拔地形线，导致可耕作土地资源稀缺，因而自然景观保存较为完整，人为干预痕迹较少。在这样的自然环境下，西南高山地区的传统村落大多择址于险峻的高山峡谷之中，具体散布于峡谷的不同位

置——谷底、山坡或峰顶，展现出人与自然和谐共存的选址智慧。在川西地区，如阿坝藏族羌族自治州、甘孜藏族自治州以及雅安市，这些高山峡谷型传统村落尤为集中，其核心聚居区则常位于阿坝与甘孜两州的交界地带，进一步凸显了该区域地理与文化的独特性。

（二）高原山地型传统村落

除了横断山脉崇山峻岭的高山地区，巴蜀地区广泛铺展的是辽阔的高原与连绵的山地，尤以复杂多变的山地景观为显著特征。山地不仅是构成西南地区地形的主要元素，即便在四川盆地的平坦之地，山地地形亦穿插其间。面对如此地貌，世代居于此的多元民族不断探寻与山地和谐共生之道，而村落的巧妙选址便是智慧体现之一。鉴于山地环境平缓地带稀缺，特别是在人口密集区，耕地资源更显紧张，故而向山间斜坡寻求生存空间成为必然之选。在此背景下，高原山地型传统村落遍布于四川北部与南部，乃至延伸至重庆的东南部。这些村落多依山势而建，常见于山坡或山脚地带，较少见于山顶，展现了人与自然环境相互适应、和谐共存的生活哲学。

（三）丘陵台地型传统村落

丘陵地带作为山地向平原或平坝自然过渡的中间形态，其特征在于地形起伏较山地平缓，坡度柔和，相较于平坦地面则表现出一定的高低起伏与地表不规则性。依据海拔变量，通常视海拔变化幅度不超过200米的区域为丘陵地形。四川盆地的中东部恰是这种地形的代表。在丘陵环境中，村落选址倾向于丘陵顶部的平台区域，得益于此处的地势既能够确保良好的排水条件，又能享受开阔的视觉景观。针对巴蜀区域的具体状况，丘陵台地依据海拔被细分为两类：海拔不超过500米的低丘台地，以及海拔超过500米的高丘台地。丘陵台地型传统村落广泛散落于西南部的四川盆地东部，覆盖川北、川中、川东及重庆的广大地域，其分布并无明显的集聚中心，显示出一种分散而均衡的居住格局。

(四) 平原平坝型传统村落

平原和盆地地形因其平坦的地势与充沛的水资源，自古以来便是人类开展农业生产的首选之地，也是人口聚居密集的区域。尽管西南地区以山地为主，缺失大面积的平原地带，但它坐拥四川盆地这一重要的区域性盆地，四川盆地在中国内陆四大盆地中占有一席之地。聚焦微观层面，四川盆地内部的川西平原正是这一区域平原地形的代表。此外，巴蜀大地虽多崇山峻岭，但仍点缀着众多规模不一、地势平坦的盆地，这些盆地面积跨度大，小至数万平方米，大则可达数十万平方米，当地居民习惯称它们为"坝子"或"平坝"。这些平坝作为巴蜀区域珍贵的可开发资源，扮演着至关重要的角色。这些盆地地形的一大特点是等高线近乎平行，海拔变化微乎其微，为土地的规范开发提供了便利。因此，该类地区常见到规整的网格化土地利用模式，吸引着众多城市、大型集镇及村落在此布局，形成了密集的人类居住与经济活动中心。综上所述，无论是四川盆地还是散布其间的大小平坝，都是西南地区农业繁荣与人口聚集的核心地带。

三 巴蜀地区传统村落的民居类型

目前，从国内学者对巴蜀地区传统村落的民居类型呈现来看，诸多学者已经对巴蜀地区传统村落的民居类型进行了总结与分类。其中，学者杨宇振将西南地区的建筑类型划分为合院、干栏、邛笼三大建筑体系。[①] 而肖冠兰则对中国西南地区的干栏建筑进行了深入分区研究。[②] 李先逵所著的《四川民居》深入介绍了四川（含重庆）地区

---

① 杨宇振：《中国西南地域建筑文化研究》，博士学位论文，重庆大学，2002，第16页。
② 肖冠兰：《中国西南干栏建筑体系研究》，博士学位论文，重庆大学，2015，第12页。

的传统民居情况，并按区内的少数民族类型分别介绍了各民族的民居建筑。①

（一）邛笼体系

学界普遍认为，邛笼建筑的根源可追溯至古羌族，是早期氐羌民族广泛采纳的居住模式。然而，随着古羌族的迁徙与分化，在向现代氐羌民族演进的过程中，为了适应西南地区多样的自然条件及外来文化的影响，氐羌群体内的各个民族在沿袭古老邛笼建造技艺的同时，不断创新，衍生出多样化的民居风格。尤为显著的是，留居于古羌族起源地的藏族与羌族，他们保持并发展了邛笼建筑传统，继续采用石砌技术，造就了现今的藏式碉楼和羌式碉楼，这些成为邛笼建筑文化现存的重要实例。另外，在氐羌民族迁徙的历程中，因环境变迁与建材获取的差异，部分氐羌人掌握了夯土技艺，并将其与邛笼建筑原理相结合，催生出以彝族土掌房、哈尼族蘑菇房为代表的土掌房系民居，这可视作邛笼建筑适应新环境下的变体。可以说邛笼建筑可被细分为两大类别，即以石材构筑的石碉房，以及融合夯土技术的土掌房系列，两者共同见证了氐羌民族建筑文化的演变与地域适应性。

1. 石碉房

石砌碉房，简称"石碉房"，是一种模仿碉堡形态、使用石头逐层堆砌构建的居住建筑，广泛散布于中国西南部的高山地带。在此区域，石碉房依据居住族群的不同，主要分化为羌族碉房与藏族碉房两大类别，它们虽在平面布局上表现出一定的共性，但在构造技术和建材选用上则显现出显著差异。羌族碉房，又称为羌族石砌庄房，是现存与古代邛笼建筑最为相近的住宅样式，直接关联到古羌族群的文化传承。作为唯一沿用古羌人名称的现代民族，羌族的碉房尽管历经变迁，不再完全保持其原始风貌，但它在住居设计、外观特色以及村落

---

① 李先逵：《四川民居》，中国建筑工业出版社，2009，第3~34页。

选址上仍旧深深烙印着古羌文化的传统印记，是探究氐羌民族建筑起源的重要窗口。这类碉房的平面布局多为方形或长方形，部分还融入下沉式窑洞设计，形成回环状布局，常见的为三层结构：底层用于饲养家畜和堆放物品，第二层是居民日常生活的核心区域，而顶层则是兼具晾晒粮食与举行宗教仪式功能的半开放空间。鉴于当地气候特点，羌族碉房设计注重紧凑实用，层高较低，其中第二层作为生活中心，布局灵活，集起居室、储藏室、寝居空间及楼梯间于一体，展现了灵活多变的室内布局艺术。藏族碉房作为藏族标志性的居住形态，广泛分布于农业区与城镇中，其平面形态丰富，多为方形，层数通常为2~3层，采用坚固的石木混合结构，展现出庄严稳重的外观特征。与羌族碉房相仿，藏族碉房同样遵循了生活功能的分层逻辑，但更侧重于土木材料的综合应用，故而有"石木碉房"之称。在某些地域，藏族碉房自下而上，下部维持石砌结构，中上部转而采用夯土或井干墙技术，这一变体被称作"崩空"，其外观更加光彩夺目，装饰有各式绚丽的外墙色彩。① 当前，石碉房广泛分布在西南地区的川西地区，包括阿坝藏族羌族自治州、甘孜藏族自治州、雅安市、凉山彝族自治州的木里藏族自治县等区域，集聚核心位于阿坝藏族羌族自治州与甘孜藏族自治州的交界地带。

2. 土掌房

土掌房作为一种独特的房屋结构，其特点是将杂草铺设于密集的木楞板上，并覆盖以黄泥进行平整处理，形成平坦的屋顶，因形似手掌摊开覆盖土壤而得名，归类于生土建筑范畴。这类建筑是对古氐羌民族邛笼住房传统的延续，尤其体现在彝族的土掌房中，被视为古羌族邛笼建筑南迁后适应新环境的体现，正如学者张良皋所论述的那

---

① 晏国玲、李慧峰：《迪庆藏族碉房建筑特色和传承保护研究》，《江西建材》2023 年第 7 期，第 108~110 页。

样。① 土掌房是氐羌民族漫长迁徙旅程中，融合各地自然条件创新出的邛笼建筑变体，彝族土掌房即是最具标识性的实例，充分展示了土掌房民居的典型特征。其布局紧凑多变，常呈"凹字形"或"回字形"，不仅隔热保温性能优异，还特别适应干热或干冷气候区域，由上下两部分构成——上部的晒台与下部的房屋相连，形成一个立体的平台系统，实现了空间的有效利用。彝族土掌房的建造完全依赖当地自然资源，采用夯土技术，既经济又实用。其创新点在于平屋顶和空中连通平台的设计，这不仅巧妙应对了复杂的地形挑战，还与山区农耕生活方式紧密契合，满足了居民生活生产的多种需求。另外，哈尼族发展出了一种独特的土掌房变体——蘑菇房，其特点是结合了四坡草屋顶与土掌房的建筑形式，形成上下两层，上层的草屋顶如同蘑菇伞盖，赋予了该类型房屋的名字，而一旁或前侧保留的平顶部分则是单层，便于从二楼直接到达，用于晾晒。哈尼族蘑菇房的演变直接受到湿润多雨气候的影响，为应对这一环境，原本适应干热或干冷气候的土掌房顶部被改造成倾斜的草屋顶，以增强排水性能，反映出土掌房在面对不同地域条件时的灵活性与适应性调整特点，蘑菇房便是这种针对湿热多雨环境做出的智能变通，彰显了土掌房民居形式与地域环境的高度和谐共生性。

（二）井干板屋

"井干板屋"是一种传统民居类型，结合了"井干"与"板屋"两种建筑技艺。"井干"建筑利用圆木或方木相互嵌套堆砌，外观类似"井"字而得名，能有效保温并适应山区环境，广泛见于中国西南地区，为彝族、普米族等多个少数民族所采用，展示了其基于地理环境的多样性形态。"井干木楞房"是其中的代表，分为单体与院落式，不仅构造灵活，还能与其他建筑结构融合，如傈僳族的干栏木楞房，

---

① 张良皋：《匠学七说》，中国建筑工业出版社，2002，第 248 页。

体现了与干栏式建筑的结合，能适应复杂地形。"板屋"特指利用木板覆盖屋顶的住屋，如土墙板屋，结合了井干与夯土技术，形成了保温性良好的方形建筑，内部空间按需分割，强调深度与保暖。而凉山地区的掫架结构板屋则是板屋适应地方条件的又一例证，显示了传统民居随地域变化而创新发展的能力。总的来说，井干板屋不仅展现了古代建筑智慧，也是不同民族文化交融与自然环境适应的产物。[①]

（三）干栏体系

干栏式建筑是一种底层架空、人居楼上的建筑空间形式，是远古时期巢居住屋演变而来的房屋形式。现存干栏式建筑平面多为方形或者长方形，一般 2~3 层，上下通过楼梯衔接，建房屋所用的建材常以竹、木、茅草为主。时至今日，在巴蜀地区仍有众多少数民族沿用干栏式建筑。这些民族在不同地理环境中对干栏式进行了改造，使得各地的干栏式建筑带有不同的地域特点，形式变化多样且不具有明显的规律性，粗略估计有 20 种，但随着时代的进步，许多类型的干栏式建筑已经逐渐消失，只是零星地分布在数量不多的村落中。在评选出的中国传统村落中，现存比较典型、数量较多且分布范围广泛的干栏式建筑主要有两类，分别是干栏竹楼和干栏木楼。

1. 干栏竹楼

干栏竹楼作为一种典型的干栏式建筑结构，在中国西南地区颇为常见，其特点在于历史上的建筑主体多采用竹子和木材搭建，尤其是竹材的大量应用，因而得名"竹楼"。尽管现代多数竹楼已改用其他材料建造，但仍沿袭了传统竹楼的设计风格，保留其原始风貌。[②] 佤族的竹楼是这一类别中极具民族特色的一种，它虽然受到了傣族竹楼的若干影响，以至于两者间存在若干相似点，但佤族竹楼展现出了自己独特的建

---

① 蒋高宸编著《云南民族住屋文化》，云南大学出版社，1997，第 87 页。

② 朱良文：《乡村振兴战略下的传统村落再思考》，《南方建筑》2020 年第 2 期，第 62~67 页。

筑艺术。它们被形象地比喻为"鸡笼罩"，另外，由于其下层高度相对较低且侧面墙体采用弧形设计，又被称作矮脚竹楼或"弧檐短脚房"。尤为显著的是，佤族竹楼的屋顶采用圆弧形态，这一特征成为它区别于其他民族竹楼的标志。值得注意的是，在西南地区的众多民族中，唯有佤族与德昂族长期以来保持使用这种圆弧形屋顶的传统，其他民族即便存在相似的建筑风格，也往往是受到了这两个民族的影响所致。

2. 干栏木楼

干栏木楼广泛分布于巴蜀地区，是当地干栏式建筑中最常见的类型，房屋主要通过采用木材修建，所以称为干栏木楼。这种民居形式在西南地区有众多的民族在使用，同时每个民族由于文化习性、生产方式、社会结构的差异，在使用过程中均相应地进行了改造，从而衍生出众多表现形式，因此具体种类繁多。其中以吊脚楼最具特色，是干栏木楼的代表。南方气候潮湿、昼夜温差大、地面蛇虫等比较多，吊脚楼高悬地面既通风干燥，又能防毒蛇、野兽，楼板下还可放杂物。吊脚楼优雅的"丝檐"和宽绰的"走栏"，看似随意，却十分考究，极具地方性和民族性的建筑风格。例如，川西吊脚楼，也叫"吊楼"，被称为巴楚文化的"活化石"。它多依山靠河就势而建，呈虎坐形。吊脚楼属于干栏式建筑，但与一般所指干栏有所不同。干栏应该全部悬空，所以称吊脚楼为半干栏式建筑。这种结构以木桩或石为支撑，上架用楼板，四壁或用木板，或用竹排涂灰泥，屋顶铺瓦或茅草。吊脚楼窗子多朝向江，所以也叫望江楼，吊脚楼是远古巢居的发展，是千年民族文化的传承。

四　巴蜀地区传统村落的平面类型

传统村落以其独有的地理布局与建筑特色，成为了解该地域历史演进、社会结构及民族风情的宝贵窗口。在前期学者研究的基础上，笔者根据形态学的原理，通过抓取传统村落的典型平面类型，依据道路形态以及建筑与道路的组合关系进行村落平面形态的分析，最终提炼出密集式、组团式、平行等高线式、条带式、散点式几种巴蜀地区传统村落的平面类型。

（一）密集式传统村落

密集式传统村落是巴蜀地区一种典型的村落形态，其形成深受人类聚族而居的生产生活习性影响。这种村落形态通常起始于一种或多种建筑单体的空间集聚，随着社会生产力的提升和人口的增长，村落规模逐渐扩大，建筑数量增多，最终密集成片。然而，由于早期缺乏统一的规划指导，密集式传统村落的道路网络虽然四通八达，但往往缺乏规整的街巷布局，导致组织关系较为无序。民居建筑的朝向各异，部分地区因用地紧张甚至出现了建筑在平面上叠置，内部道路被覆盖的现象。这些村落的边界通常由周边山、水、田园等自然环境要素所界定，限制其扩张范围。

密集式传统村落的形态并非一成不变，它们会依据不同地形进行适应性调整。在高山峡谷及高原山区，受限于稀少的平地资源，村落通常高度集聚，形成平面狭小、内部道路狭窄且不易辨识的特点。而在平原平坝及丘陵台地地区，由于土地相对平整且资源丰富，村落则倾向于采用自由集中的形式，内部往往保留有大量的绿地植被或河流水域，尽管整体上仍集中在一定范围内，但村落边界相对较为开放。目前，我国对密集式传统村落的定义较为宽泛，主要侧重于其建筑物无序集中布局的趋势，而不太关注村落外表具体的集聚形状。实际上，密集式传统村落的形态多样，不仅包括集聚型，还包括自由集中型等多种类型。在四川的西部和西南部地区，密集式传统村落尤为常见，成为该地区独特的乡村风貌和文化景观。

（二）组团式传统村落

组团式传统村落布局，其核心特征在于村落由多个相对独立的建筑组团构成，这些组团在平面上以一定的间隔分布，它们之间往往被山峦、河流、农田或茂密的植被分隔。各个组团间通过道路系统或借助自然河流相互连接，形成了串联或并联的空间组织关系。这种布局形式在川中地区尤为常见。组团式布局中的各个组团可能由不同类型的建筑单体集聚而成，也可能由多个大型建筑单体构成，甚至可能是与其他村落形式（如核心式、密集式等）的混合体。这种布局强调了一种多组分布、相互独立而又相互联系的结构特性。

在具体实践中，组团式传统村落的形成往往受到自然环境和社会因素的双重影响。自然山水条件是组团式传统村落的天然屏障和分隔因素。在山水地形显著的地方，为了获得更多适合生产生活的土地，古人选择尊重自然生态的基本规律，跳越山水障碍，寻找更为开阔的土地资源，形成了组团式的村落布局。同时，社会因素也在组团式传统村落的形成中发挥了重要作用。拥有不同民族或不同姓氏的村落，由于在生活习俗、思想观念、宗法性质等方面存在差异，往往选择分团而居、分组布局的方式，这样既保证了各自的独立性，又便于管理和交流，有利于各方的共同发展。这种组团式布局不仅体现了古人对自然环境的尊重和利用，也反映了社会文化的多样性和复杂性。

（三）平行等高线式传统村落

平行等高线式布局，作为巴蜀地区一种常见的村落平面形式，凝结了当地居民对自然环境的深刻理解和适应智慧，尤其在重庆东南部地区表现显著。当村落选择在山坡上建设时，为了应对坡地给建筑单体带来的挑战，居民们巧妙地采用了平行山体等高线的发展方式。这种布局策略不仅有效保留了原有的自然生态格局，同时也显著减少了建筑建设过程中的工程量。通过实地观察可以发现，在水平方向上，建筑单体的选址遵循了与等高线平行的原则，形成了弯曲但有序的线性排列，建筑朝向则随等高线的方向变化而自然调整。在垂直立面上，面对山地坡度的变化，建筑单体采用了逐级后退并缓慢抬升的方式，形成了错落有致、层次分明的空间布局。通过这种方式，村落巧妙地避开了山中的陡峭和恶劣地形，展现了一种自由排布的趋势。最终，这种平行等高线式布局的村落呈现一种独特的山地人居环境，建筑高低错落，层层后退，仿佛融入山林，形成了一幅和谐共生的自然画卷。

（四）条带式传统村落

条带式是位于河流、交通干道等地区村落较为常见的布局形式，主要分布在渝东南地区以及整个四川盆地内。简而言之，为了充分利用河流、交通干道所具有的连接功能，发挥其特有的社会经济价值，以河流、道路为空间骨架向外展开呈现线性扩张的村落布局就是条带式村落布局。人类在建村之初为了获得足够的水源，邻近河流是村落选址的重要考虑因素，而河流的形成发育又为村落的形成发展制定了天然的扩张方向。因此，巴蜀地区多山多水的地理环境，促使条带式成为适宜山谷、河谷地形常采用的村落布局形式。而在拥有区域交通性道路的地区，重要道路的形成则为村落的发展提供了重要动力，由此可知，条带式传统村落是充分利用天然或者人工环境而呈现的村落空间形式，是特有资源条件下的村落平面形态。

（五）散点式传统村落

散点式布局是一种村落建筑物相对独立、分散布置的村落组织形态，主要分布在巴蜀地区的四川省境内，特别是四川省的北部、南部以及西部部分区域。此外，在川西与滇西北的交界地带以及重庆市的大部分地区，也能发现这种布局形式的村落。这种布局形式在丘陵台地地区尤为常见，同时也在高山峡谷的两侧地区有所体现，其形成与当地的自然条件密切相关。

散点式布局的最大特点在于其独立性，每个建筑物都相对独立，各自拥有一定的自主性和管理权。这种布局形式不仅有利于最大限度地利用不同区位的土地资源，还能实现对村落内部资源的精细化管理。从村落的平面布局来看，散点式传统村落通常没有明显的村域边界，建筑数量相对较少，但村域面积普遍较大。民居之间通过狭长的村间道路相互连接，每个单体建筑的边界都较为清晰。在散点式传统村落中，建筑物星星点点地散落在村落的各个角落，形成了一种独特的景观。虽然在一些局部地区也会出现建筑集聚的现象，但整体上仍然呈现分散布局的趋势。这种布局形式既体现了人类与自然环境的和谐共生，也展示了村落居民对于土地资源的合理利用和管理的智慧。

五　巴蜀地区传统村落的组合模式

（一）农耕导向原型村落

农耕导向的原型村落，不仅仅是人们生活与劳作的空间，更是传统文化与自然哲学智慧的结晶。在这些村落的规划与建设中，风水学说扮演了至关重要的角色，它不仅仅关乎地理位置的优选，更蕴含了人与自然和谐共处的哲学思想。其中，居耕融合型、居耕并置型、居耕穿插型、陡居稀耕型四种模式及其亚型，不仅展现了古代先民对自然环境的深刻理解和巧妙适应，也是中华民族农耕文明多样性的体现。每一种农耕导向的原型村落都是一个活生生的文化遗产，承载着丰富的历史信息和民族记忆，对于研究中国农村社会结构、经济发展以及传统文化传承都具有不可估量的价值。

1. 居耕融合型——平原传统聚居形态

居耕融合型村落，在平原地带较为典型，尤其是如成都平原这样自然条件优越的区域，其空间布局体现了人与自然的和谐共生。居民的住房与广袤的田野紧紧相依，既方便了日常的农事活动，又使得生活起居与自然景观完美对接。在这种格局中，农田不仅是食物的来源，也是村落景观的重要组成部分，四季更迭中的稻田青绿、金黄，为村庄平添了几分诗情画意。为了应对特定的自然环境挑战，如巴蜀地区冬季风较强，村落周围特意种植的防护林带，不仅有效减缓了寒风侵袭，调节了局部小气候，使得冬季更加宜居，还与风水理念相结合，认为树木能聚气生财，护佑村落安宁。这些林木的选择与布局往往蕴含了深厚的文化寓意和生态智慧，它们或成行排列，或点缀其间，成为村落与自然环境和谐对话的桥梁。这样的原型村落广泛分布于地势相对平坦、土地肥沃的地带，如川中丘陵的浅丘区域和渝东北的平行岭谷地带。这些地方水源充足、光照适宜，为农作物的生长提供了得天独厚的条件，也促使了居耕融合型村落的长期稳定发展。

2. 居耕并置型——理想风水聚居形态

居耕并置型村落主要集中在川中丘陵、川东平行岭谷背斜岭区以及盆周山地等自然地貌丰富多变的区域，这种聚居形态展现了一种深植于自然、尊重风水哲学的生活智慧。该类村落的选址精妙地利用了自然环境的优势，居民点往往坐落在山脚下或是面向开阔地带，背后依靠稳固的山体作为屏障，前方则是肥沃的耕地，旁边则有清澈的水流蜿蜒而过，完美地诠释了"依山傍水"的理想居住环境理念。在风水学中，背山意味着靠山稳固，象征着家族的繁荣与具有坚实的后盾；临水则代表财运亨通，因为水象征着流动不息的生命力与财富。同时，山体还能阻挡寒风，调节小气候，使村落内部保持温暖湿润，有利于作物生长与居民健康。而耕地与居住区并置，既方便了村民日常的耕作，也确保了粮食安全，实现了生产与生活的高效协同。在空间分区布局上，居耕并置型村落展现了明确的功能划分：山地作为天然的生态屏障和休闲游憩之地，村落中心则是公共活动与居住区，外围的耕地则是经济活动的主要场所。这样的布局不仅满足了古代农业社会的基本需求，也构建了一套自给自足、和谐共生的生态系统。

3. 居耕穿插型——川渝地域聚居形态

居耕穿插型村落，是川渝地区山地环境下一种极具特色的聚落形态，它生动地展示了人类如何在复杂多变的自然环境中，巧妙地融合生活与生产的空间需求。在这些区域，由于地形的限制和土地资源的稀缺，村落无法像平原地区那样拥有广阔的连续耕地，而是需要依循山势，将居住与耕作空间巧妙地交织在一起，形成了独特的"居中有耕、耕中寓居"的空间布局。这种类型村落中，山地耕地充分利用了每一寸可耕之土，即便是坡地、梯田也不放过，展现了先民们顽强的生存智慧和改造自然的能力。宅间耕地则是另一种灵活的利用方式，居民的房前屋后，只要条件允许，都会开辟出一片片小块田地，既方便照料，又能在一定程度上自给自足。这样的空间布局，虽然看起来或许杂乱无章，实则是对自然地形最大限度地适应与利用，体现了人与自然和谐相处的生存哲学。另外，位于渝东南盆周山地、川东北盆周山地以及川西高原山地的这些村落，不仅要在陡峭的山坡上寻找生存空间，还要面对雨季的水土流失、旱季的水资源短缺等自然挑战。因此，村民们在村落建设时，往往会结合当地的水文特征，建立小型的灌溉系统，或是挖掘蓄水池塘，确保农业生产的顺利进行，同时也为日常生活提供必要的水资源保障。居耕穿插型村落不仅仅是地理环境的产物，更是文化和社会组织形态的反映。在这样的村落里，邻里之间的互助合作尤为重要，共同应对自然灾害，共享水资源和农耕知识，形成了紧密的社会联系和强烈的社区归属感。

4. 陡居稀耕型——川渝地域聚居形态

陡居稀耕型村落，作为川渝地区农耕导向村落的一种特殊形态，主要存在于川西高原的山地地带，尤其是羌族、藏族等少数民族的聚居区域。这里的自然条件极为严苛，高海拔、陡峭的地势以及极端的气候条件，使得传统的密集耕作变得极为困难，甚至不可能。因此，居民们不得不适应这种环境，发展出稀疏耕作和以畜牧业为主的生产生活方式。在这种模式下，耕地零星散布在较为平缓的山坡或河谷地带，往往需要借助梯田来扩大可耕种面积，即便如此，耕地资源仍然十分宝贵且稀少。与此同时，由于草场资源相对丰富，畜牧业成为这些地区的主要经济支柱，牛羊成群，成为高原上一道独特的风景线。这种生产方式不仅适应了当地的自然环境，也是民族文化与生态智慧的体现，如羌族的碉楼与藏族的牧场，都是人与自然和谐共存的例证。

总的来看，巴蜀地区的农耕导向原型村落，无论是平原还是山地，都遵循着"生活为核、生产为依、生态为屏"的空间布局原则，形成了特有的同心圈层格局。在平原地区，核心是居住区，向外依次是耕作区和自然生态区，体现了居耕融合或居耕并置的特点；而在山地地区，尤其是川西高原，虽然受到地形的极大限制，但依然遵循这一原则，只不过是以更加灵活多变的形式展现，即居住空间紧密依附于可利用的地形，生产活动围绕稀疏的耕地和广阔的草场展开，而外围则是自然形成的生态屏障，保护着村落免受恶劣天气的侵袭。

（二）交通导向原型村落

自古以来，交通导向便在村落形态演化中占据核心地位，那些扼守水陆要冲的聚落，沿着交通动脉逐步发展，形成了以交通轴心为发展主轴的条带状聚落模式。随着时代的演进，特别是步入近现代，交通方式日新月异，追求速度与效率，昔日密集分布的驿站逐渐稀疏，新的交通线路不断涌现，重塑着村落的兴衰更迭。那些基于古代交通节点形成的村落，若再叠加商贸流通、行政管理等多重优势，往往会加速其规模扩张乃至行政级别的提升，巴蜀地区诸多历史文化名镇如西沱、走马、丰盛古镇的崛起便是明证。而且当地凭借其复杂的水系与多样的地貌，使得历史上交通网络四通八达，尤其是水路交通发达，以长江为主脉，辅以岷江、沱江、嘉陵江、乌江等支流而构成区域交流的命脉，孕育出众多沿江古镇与村落，它们不仅是物资集散的枢纽，也是文化交流的桥梁。陆路上，川陕、川鄂、川湘等多条古道穿境而过，加上内部如成渝、成雅等交通干道，构建起一张覆盖广泛的陆路交通网，为盐业等传统产业的繁荣奠定了坚实的基础，催生出一系列以交通为依托的聚落。在这样的背景下，村落空间形态也展现出丰富多样性，如大足区玉龙镇玉峰村、石柱土家族自治县西沱古镇，为提高运输效率，创造性地依山势垂直等高线铺设道路，形成了别具一格的陆路交通村落景观。然而，随着近现代陆路交通技术的进步与效率提升，曾经辉煌的水路航运村落逐渐失去了往昔的地位而面临不同程度的衰退。这一系列变迁，不仅记录了交通对村落发展的重要影响，也映射出社会经济与技术进步对地理空间格局的深刻塑造。

（三）商贸导向原型村落

商贸导向的聚居形态自古有之，这些村落通常坐落于自然条件优越、交通便利的宝地，凭借其得天独厚的位置，发展成为区域内的商业活动中心。在交通导向原型村落的架构上，商贸导向村落进一步演化，围绕居民生活空间，定期举办集市，形成了集商品交易、文化交流于一体的市场空间。这些传统商贸型乡村，大多依托于水陆交通的交会点，不仅便利了货物的转运和储存，还促进了人员的往来与信息的流通，逐渐成长为集交通中转、仓储物流、商业服务和休闲住宿于一体的综合性商贸聚落。随着时代的推进，进入近现代以后，部分商贸导向原型村落凭借其深厚的历史积淀和持续的商业活力，进一步拓展规模，发展成为区域经济的重镇，如崇州市的伏虎村及其著名的连二里市，不仅成为周边地区的商品交易中心，也是文化与信息交流的重要平台。另外，也有村落维持着较小的市场规模和服务半径，作为服务于周边较小区域的商贸节点，虽规模不大，却依然是当地不可或缺的经济和社会活动中心。这些商贸村落，无论规模大小，都是古代商业智慧与现代经济活动交织融合的鲜活例证，展现了人类社会在不同历史阶段对商业发展需求的适应与创新。

（四）产业导向原型村落

产业导向原型村落是近现代以来乡村发展的一个重要方向。这类村落通常以农副产品生产、加工、运销为核心，形成一个以轻工业或手工业为主导的产业结构。这些村落的布局特点鲜明，它们围绕生产资源、生产加工模块，以组团式的方式有序排列，形成一个紧密相连的生产网络。在产业导向原型村落中，生产、仓储和交通成为至关重要的形态要素。生产环节是村落经济的核心驱动力，它决定了村落的主要产业类型和经济发展水平。仓储环节则是连接生产和销售的桥梁，确保产品能够安全、有效地存储和转运。交通环节则是村落与外界联系的纽带，特别是那些依附于对外交通干道的村落，更是凭借其优越的地理位置，使得产品能够迅速、便捷地运输到市场，实现销售。产业导向原型村落的兴起，是个体村落在村镇体系中输出自身优势职能、参与村镇体系建设的一种重要模式。它们通过整合内部资源，发展特色产业，提升经济实力，为村镇体系的整体发展做出了积极贡献。同时，这些村落也为当地农民提供了更多的就业机会和收入来源，改善了他们的生活质量。

（五）旅游导向原型村落

旅游导向原型村落是近几十年来快速发展的一种村落类型，尤其在乡村振兴和全域旅游战略的推动下，其发展趋势愈发明显。这类村落的发展受到多方面因素的影响，包括开发主导者的经济实力、村落土地条件和自然资源等差异，形成了各具特色的乡村旅游村落开发模式。在空间形态上，旅游导向原型村落呈现新旧对比的肌理形态。随着旅游业的兴起，一些村落开始引入现代化的旅游设施和服务，如酒店、商业街、住宅组团和旅游服务设施等，这些新建设施在外观上往往与传统的乡村建筑形成鲜明对比，既体现了现代旅游业的繁荣，也保留了乡村文化的独特魅力。村集体和企业主导的旅游以成片开发为主。这种开发模式往往具有较大的规模和较多的投资，能够迅速改变村落的整体面貌，提升旅游接待能力和服务质量。成片开发表现为建设大面积的现代化建筑和旅游设施，如大型酒店、综合商业区等，功能上则多表现出乡村村落作为旅游供给侧的特征，为游客提供全方位的旅游服务。然而，个体主导的乡村旅游开发多采用"点状开花"的模式。这种开发模式相对较为灵活，投资规模较小，对原有乡村村落形态的影响也较小。个体农户或小微企业根据自己的资源和条件，选择适合自己的旅游开发方向，如农家乐、民宿、手工艺品销售等，这些旅游项目多以点状分布在村落中，既保留了乡村的原生态风貌，又增加了村民的收入。在地域空间形态上，个体主导的乡村旅游开发仍然以地形主导的居耕模式为主。乡村的自然环境和地形条件对村落的形态和布局产生深刻的影响。在旅游开发中，村民们往往根据地形和自然环境的特点，合理规划和布局旅游设施，使之与乡村环境相协调，营造出一种独特的乡村风情。

（六）文化导向原型村落

文化导向原型村落是那些在历史的长河中，深深受到地域文化和历史传承影响的村落类型。它们不仅仅在建筑和景观上展现出独特的风格，更在村落的整体布局和居民的生活方式中，体现了深厚的文化底蕴。在历史上，巴蜀地区文化导向村落的空间形态受到多种因素的影响，其中最为显著的是地方村落的风水文化、姓氏宗族和民族宗教。风水文化在中国乡村社会中具有举足轻重的地位，它往往成为乡村村落选址和定向的重要依据。村民们会根据风水师的指引，选择山水环绕、气脉流畅的地方作为村落的所在地，以期获得良好的生活环境和福祉。此外，姓氏宗族和民族宗教形成的集体观也对村落的空间形态产生了深远影响。在宗族制度下，同一家族或同一民族的居民往往会选择聚居在一起，形成紧密的社群关系。这种集体聚居的特征在村落的空间布局上表现为建筑群的紧密排列和道路网络的规则性。同时，这种聚居模式还加强了村落内部的文化交流和认同感，促进了村落文化的传承和发展。除了传统因素外，近现代时期的文化导向村落还受到了名人故居、历史建筑等因素的影响。这些具有历史和文化价值的建筑和场所往往成为村落的标志性景点，吸引着游客和学者的关注。同时，这些建筑和场所也往往与村落的形态产生呼应，共同构成了村落独特的文化景观。因此，在文化导向原型村落中，文化不仅仅是巴蜀地区传统村落的灵魂，更是村落发展的重要支撑。

（七）城镇化原型村落

城乡两村落在地理区位上毗邻，乡村村落地处城郊，凭借地理区位，或因乡村政策引导而出现就近和就地城镇化，空间形态上主要表现为高等级村落道路向乡村延伸、乡村村落整体向高等级村落生长的特征，村落常呈现带状定向延伸的结构，规模上呈现带状聚集扩大形态。

纵观近现代时期的乡村村落，仍是以传统农耕村落形态模式为基础，以对外职能为引导，相关驱动因素协调发展的"圈层式"村落形态。不同职能类型的乡村村落在空间形态上表现出明显的个性特征。因工程技术革新和进步，近现代乡村村落较传统时期有大幅度进步，地形限制对它们的营造影响逐渐淡化，社会经济实力的提升和开发扩展需求的增长使得近现代乡村村落的形态出现多样化发展变化。巴蜀地区各地域单元自然环境、气候风向、资源条件有共性也有个性，地域空间模式整体上也呈现"和而不同"的形态格局。针对上述乡村村落不同的职能形态，总结归纳七种以存续职能为线索、以村落生产发展为引领的乡村村落空间形态模式，每种空间形态模式又可根据地形地貌、形态繁简归纳多个亚型。

　　总的来看，巴蜀地区的传统村落展现出独特而丰富的空间特点。在整体趋势方面，"东多西少、东聚西散"的布局体现了区域内村落分布的差异性，东部村落密集，西部则相对稀疏。在空间样态方面，村落以"多点串联"与"条带状"两种形态为主，既展现了村落间的紧密联系，也体现了人与自然环境相融合的和谐关系。在人居环境方面，巴蜀地区的村落遵循"因山就势、近水而居"的原则，巧妙利用地形地貌，选择适宜居住的地点，营造出人与自然和谐共生的生活环境。人口、经济与地形等因素对村落空间布局有着显著影响，它们共同塑造了巴蜀地区传统村落的独特风貌。

第四章 巴蜀地区典型传统村落保护与更新的现状

巴蜀地区以其悠久的历史、独特的地理环境和丰富的民族文化孕育了众多传统村落，这些村落不仅承载着厚重的历史记忆，也见证了中华民族农耕文明的辉煌。在本章的阐述中，笔者主要从农耕式传统村落、庄园式传统村落、寨堡式传统村落三类进行总结，将巴蜀地区典型的村落作为案例支撑，通过三个维度进行深入探讨，在此基础上阐述巴蜀地区传统村落保护与更新的全貌，旨在强调在保护传统文化遗产的同时，促进村落经济社会的发展，实现人与自然、历史与未来的和谐共生。

第一节 农耕式传统村落

巴蜀地区的乡村景观中，农耕文化显著的村落展现出一种独特的布局模式：既体现出大规模的集中性，又蕴含着小规模的分散特性。集中性特征源自清代沿袭至今，村落大多围绕家族聚合而生，自然而然地依循地形地貌界线聚居，形成一个个以血缘和地缘紧密结合的社群。这类村落的命名常蕴含地理特点与家族姓氏，比如"张家湾"

"李家坳""郭家坝"等，这些名称不仅是地理标识，也是家族历史的烙印。在这类聚落周边，广泛分布着世代农人辛勤开垦的田地，构成了村民赖以生存的物质基础。至于小规模分散的特点，则体现在这些大的村落内部，由多个细小的地貌单元构成，促使大家族进一步细分为若干个小家庭单位，各自散布于这些微地形之中。这种布局直接呼应了传统小农经济的运作模式，特别是在多山丘陵地带，小家庭依据地形灵活居住，展现了丘陵山区农耕社会特有的环境适应性。而在土地资源丰富的川西平原，尽管农耕村落的居住格局较为紧凑，聚落呈现成片集中的态势，但依然保持了大家族聚居与小家庭独立并存的格局。例如，大邑县鹤鸣镇的新民村，其中的"傅家扁""牟家扁"等就是大家族集中聚居、小家庭各自为营的典型实例。这表明，无论是在地形复杂的山区还是平坦广阔的平原，四川的传统农耕村落都巧妙地融合了集中与分散的布局智慧，体现了人与自然和谐共生的农耕居住哲学。

一　邛崃平乐花楸村

（一）邛崃平乐花楸村的基本情况

花楸村位于邛崃市平乐镇，地处邛崃西部山区，最高海拔约 1000 米。花楸村具有两大自然资源优势：一是竹林资源丰富，竹林面积达 13000 余亩，有"十里竹海"之称，早在清代就已利用竹木资源造纸；二是气候温和，冬无严寒，夏无酷暑，地理及气候条件适宜种茶，清朝时期就因"花楸贡茶"而闻名，并有康熙御封的"天下第一圃"之美名。[①] 如今花楸村的建筑都还保持着原生态的环境特色，具有极高的保护和利用价值，已于 2012 年列入第一批中国传统村落名录。天然

---

① 王静、吴展彪、周振玉：《传统村落保护现状及发展研究——以邛崃市平乐镇花楸村为例》，《价值工程》2019 年第 24 期，第 109~110 页。

丰富的竹木资源和人工开发的茶树资源，加之良好的气候环境，都为宜人的村落居住及生产环境提供了条件。花楸村的传统院落分布在海拔约700米高的台地上，沿着地形大致呈分散式布局，同时根据地形环境形成数组相对集中的院落群空间。其中保存最为完好的是东北侧以李家大院为代表的院落建筑群，各个院落顺应地形呈东偏南朝向，前低后高，前面是起伏连片的竹海，后面是大面积平缓的山头以及层层叠叠的茶园，构成以农耕经济作物为特色的村落环境。

（二）邛崃平乐花楸村的保护现状

1. 自然资源的保护：保持水土，绿色发展

花楸村位于平乐镇西北方向，距平乐镇16公里，村内面积12平方公里。作为邛崃市内闻名遐迩的生态示范村，花楸村秉持绿色发展的理念，致力于生态环境的全面保护与提升。全村绿化覆盖率在80%以上，这一数据不仅仅体现了村庄对森林资源的珍视与维护，更彰显了其在生态文明建设上的卓越成就。环绕村落的不仅有茂密的竹林（见图4-1），更有清溪潺潺穿林而过，为这片土地注入了无限生机。竹林间，丰富的生物多样性得以保存，众多野生动植物在此繁衍生息，

图4-1　花楸村竹林

资料来源：笔者拍摄。

构成了一个和谐共生的自然生态系统。花楸村在保护自然资源的同时，还积极实施水土保持、森林防火及病虫害防治等措施，确保自然环境的持续健康与稳定，为后代留下一片青翠欲滴的宝贵财富。此外，村内对自然资源的合理利用与开发同样值得关注，如依托丰富的森林资源，开展生态旅游和推动林业经济发展，既促进了当地经济的绿色发展，又未对自然环境造成破坏，实现了人与自然和谐共存的理想状态。花楸村的实践，无疑为其他地区提供了宝贵的生态保护与可持续发展模式。

2. 文化遗产的保护：景观融合，原始风貌

邛崃平乐花楸村在文化遗产保护方面展现了诸多成效，尤其以李家大院为典范的清代古民居群，它们不仅保留了原始的历史风貌，还融入了自然景观，如官田溶洞等，共同构成了丰富多元的文化遗产体系。李家大院作为亮点，巧妙利用地形，坐落于红砂石台地上，背靠茶山，前观竹海，其建筑设计精妙，反映了村落的社会经济结构和传统礼制。大院采用四川传统穿斗结构，选材讲究，以柏木或优质杂木构建，墙体为坚实的木板而非常见的白灰夹壁，显示出主人的富裕与审美追求。空间布局上，大院灵活适应山地环境，通过多层次、多功能的空间设计，如前院、后院、辅助天井、吊脚楼等，既满足了礼仪秩序，又高效利用了地形，兼顾了居住、生产及交通需求，特别是能够晾晒大量茶叶的宽敞院落，直接体现了农耕文化的实用功能与经济特性。整体而言，花楸村在保护文化遗产的同时，也展示了人与自然和谐共融的传统智慧与建筑艺术。巴蜀地区有以光绪亲赐"皇恩宠锡"御匾的李家大院为代表的清代古民居群（见图4-2、图4-3），还有自然形成的官田溶洞等，这些自然人文遗产和古建筑民居大部分仍保留了原始风貌。

图4-2 祠堂中的"皇恩宠锡"御匾

资料来源：笔者拍摄。

图4-3 李家大院

资料来源：笔者拍摄。

3. 政策层面的保护：重视规划，强化引导

在政策规划的强有力引导下，邛崃平乐花楸村的文化遗产保护与可持续发展迈上了新的台阶。"花楸茶树园" 2013 年被正式列入成都市文物保护单位，这一举措不仅仅提升了该地的保护级别，更为其后续的科学管理和合理利用奠定了坚实的基础。随后，李家大院、徐家大院、杨家大院、官田李家大院及官田李家宅子于 2019 年荣获省级保护历史建筑的荣誉，这一系列官方认证不仅肯定了这些古建筑的历史价值与文化意义，也意味着政府对传统村落保护的重视达到了一个新的高度。在此基础上，政府的政策规划不仅仅局限于对个别建筑的保护，同时也更加着眼于整个村落的综合发展与提升。通过制定周密的规划方案，花楸村成功地将自然生态与文化遗产相结合，从而更好地在政策上给予传统村落扶持（见图 4-4、图 4-5）。

图 4-4　花楸村历史建筑

资料来源：笔者拍摄。

图 4-5　花楸村石柱

资料来源：笔者拍摄。

（三）邛崃平乐花楸村的更新现状

1. 文旅资源的更新：综合开发，挖掘资源

在邛崃平乐花楸村的综合开发与精心建设中，该村充分利用其得天独厚的自然风光与深厚的文化底蕴，成功地将文旅资源转化为推动村落可持续发展的强大动力。这一过程不是对现有资源的简单利用，而是通过对"衣食住行"四大旅游要素的全面升级，实现了传统村落向现代化休闲旅游目的地的华丽转身。① 从"衣"的层面来看，花楸

村注重将本土文化元素融入旅游体验中，比如推广传统服饰体验活动，让游客有机会穿上当地特色服装，在古朴的村落中漫步，拍照留念，深切感受与现代都市生活截然不同的文化氛围。从"食"的层面来看，花楸村周围的山林间生长着丰富的野菜，如折耳根等，这些自然食材不仅新鲜可口，而且保留了原始的自然香味，相较于市区餐馆加工后的菜品，这里的野菜料理味道更为纯正、浓郁。当地居民利用这些天然食材，结合传统烹饪技艺，开发出一系列具有农家特色的美食。从"住"的层面来看，位于邛崃市区外17公里的竹上花楸民宿，虽然山路蜿蜒，却正是这个远离尘嚣的地理位置，赋予了它独特的魅力（见图4-6、图4-7）。民宿坐落于海拔约800米的山顶之上，四周被葱郁的山林环绕，为住客提供了绝无仅有的居住体验。房间设计巧妙融合自然景观，宽广的视野让住客在享受舒适住宿的同时，也能饱览云雾缭绕的山景，真正实现身心的放松。从"行"的层面来看，尽管通往花楸村的道路较为崎岖，但这恰恰构成了旅途中的一道独特风景线。游客在驾车或徒步的过程中，可以沿途欣赏到未经雕琢的自然风光，感受每一次转弯带来的惊喜。

图 4-6　竹上花楸民宿

资料来源：笔者拍摄。

图 4-7　民宿建筑外形

资料来源：笔者拍摄。

2. 特色活动的更新：多元策划，创新体验

在邛崃平乐花楸村的更新与发展进程中，特色活动的策划与实施成为连接古今、激活村落文化生命力的关键举措。这些活动不仅仅丰富了游客的体验，更是弘扬了中国传统节日文化，深入挖掘了地方特色，促进了文化旅游的深度融合，提升了村落的整体魅力。例如，在2024年的端午节，邛崃平乐花楸村筹办了端午节点朱砂、手作香囊、包粽子、制作漆扇、申时茶会等特色活动。点朱砂活动寓意着驱邪避凶，祈求安康。手作香囊让游客亲手体验了传统手工艺的魅力，还加深了对中国传统文化的了解。申时茶会的策划，让花楸村的宁静与茶文化完美融合。在一天中最为宜人的申时，游客可以围坐于古朴的茶室或户外茶席，品茗交流，体验茶道的仪式感与宁静之美。茶会不仅仅是品茶，更是一种心灵的放松与净化，让人们在忙碌的生活中找到一片宁静之地。可以说，通过这些特色活动的策划与实施，邛崃平乐花楸村不仅仅成功地吸引了众多游客的目光，更重要的是，它以一种生动有趣的方式传承和弘扬了中华优秀传统文化，让古老的传统文化在现代社会焕发出了新的生机与活力。

3. 特色品牌的更新：贡茶之乡，塑造品牌

花楸村，作为历史悠久的贡茶之乡，正逐步焕发出新的光彩，其得天独厚的自然景观与深厚的文化底蕴为打造这一特色品牌奠定了坚实基础。村内景观错落有致，既有引人入胜的十里竹海长廊，弯曲的小径穿梭其间，营造出一份静谧与幽深；又有唐代遗留的摩崖石刻岩鹰寺，见证了千年的风雨沧桑，增添了浓厚的历史氛围。尤为值得一提的是，这里拥有的千亩御茶园（见图4-8），自康熙御赐"天下第一圃"以来，便声名大噪，彰显着花楸村与中国茶文化的不解之缘。其中，御茶坊，作为专为皇室手工揉制香茗的作坊，承载着精湛的传统制茶工艺。在这里，每一缕茶香背后，都是对10余道复杂工序的严格遵循与匠心独运——从精心采摘嫩叶开始，历经萎凋、发酵、杀青、揉捻、干燥等直至包装，每一步都精雕细琢，以确保茶的品质与口感达到极致。这种对传统的坚守与传承，使得花楸山的茶叶闻名遐迩，代代村民以此为荣，种茶、制茶技艺得以延续。可以说，在当地传统村落的建设与发展过程中，贡茶之乡的打造则能够更好地实现传统文化的传承，同时实现传统村落的保护与更新。

图4-8 花楸村茶园

资料来源：笔者拍摄。

二 巴中通江梨园坝村

（一）巴中通江梨园坝村的基本情况

梨园坝村是通江县泥溪乡西北部的一个传统村落，地处川东北的大巴山深处，以中山地形为主，海拔在 600~800 米，村落位于北坎山与案山东西相向形成的沟谷坝子之上，东侧案山坡势陡峭，不宜建房居住，西侧坡地起伏变幻，形成三层台地，由东往西逐渐抬高，分别聚集了三组相对集中的居住群落。台地之间有 200 米左右的高差，顶层台地之上的山势更加陡险，山头顶峰海拔达 1300 余米。梨园坝是以马氏家族的血缘关系为纽带聚居的村落，其得名据传最早源于村内流淌的马家河。马家河由北向南流经村落，几经折转，形状酷似传统农具部件"梨辕"，遂以"梨辕"命名，后因村内梨树满布，而"梨辕"谐音"梨园"，故易名梨园坝，马家河也易名梨园河。梨园河是梨园坝村的主要河流，河床宽 10~15 米，位于两山相向形成的沟谷坝底，靠近西侧台地的边缘。河道以东至案山脚下有南北狭长的平坝，是梨园坝村民历经数百年辛苦开垦经营而成的良田。河道以西的台地之上，则是村民集中生产生活的村落组群。河岸两侧台地不高，有一座古朴的石板桥连接东西两岸，成为村落与生产环境以及对外交通的重要联系。往西的上两层台地有顺坡开垦的层层黄土，种植小麦、玉米等农作物，而坝底水资源丰富，主要种植水稻，提供村落生存所需的主要粮食资源。山地对外交往相对不便，而山地环境中的土地资源就更加宝贵，因此梨园坝村聚族而居的生产生活方式与川中浅丘地带分散居住的村落形态相比，呈现明显不同的差异特征。①

---

① 鲁朝汉、徐娇、翟帅男：《川渝传统穿斗式木结构民居建筑智慧浅析——以通江县梨园坝村落民居为例》，《四川建筑》2021 年第 2 期，第 66~69 页。

（二）巴中通江梨园坝村的保护现状

1. 传统文化的保护：家族祠堂，传承文化

梨园坝村马氏家族，深深植根于耕读传家的文化土壤中，这种文化传统不仅塑造了村落的精神风貌，还体现在对家族祠堂——马家堂的精心保护与修复上。马家堂作为村落的精神象征与文化核心，其重建不仅仅是物理空间的复原，更是对家族历史与耕读价值观的重申。祠堂的复原工作遵循了"修旧如旧"的原则，尽可能保留了原有的建筑风格与构造细节，同时，融入了对历史的尊重与现代保护技术的结合，使得祠堂在传承中焕发出新的生命力。祠堂布局上，严格按照传统风水学与自然环境的和谐统一，正殿、耳房、厢房和戏楼的布局严谨而不失灵动，与周围的山水景观相得益彰，营造出一种既庄重又和谐的空间氛围，成为梨园坝村落保护与文化传承的标志性建筑（见图4-9）。

图4-9　梨园坝村建筑

资料来源：笔者拍摄。

2. 传统村落的保护：适应地形，合理布局

梨园坝村的住宅布局深刻体现了四川山地农耕文化的精髓，因地制宜的建筑智慧在三合院、"L形"和"一字形"等传统村落布局中

展现得淋漓尽致。这些布局形式不仅考虑了家族聚居的需要，还巧妙地适应了山区复杂的地形条件。通过建筑与自然地形的巧妙融合，如在斜坡上筑台以稳固地基，利用吊脚楼技术架空部分建筑体以减少对山体的干预，该做法不仅保障了居住的安全与舒适，还最大限度地减少了对自然环境的破坏，展现了古人与自然和谐共生的智慧。① 此外，房屋的朝向设计在尊重地形的同时，尽量面向南方，以获得充足的阳光照射和良好的自然通风，既保证了居住环境的舒适性，也遵循了传统建筑学中的宜居原则。

3. 生态资源的保护：人地和谐，共生发展

梨园坝村在长期的发展中，形成了与自然环境和谐共生的生态智慧。村落周边种植的竹木不仅仅是大自然的馈赠，更是村民对生态美学、生存哲学的实践。这些植被不仅为村落提供了天然的屏障，调节气候，营造出凉爽舒适的居住环境，还成为村民日常生活中不可或缺的一部分，如竹材用于建造，竹笋和树木果实作为食物来源，真正实现了生态资源的可持续利用。古银杏树等古树名木，作为村落历史的见证者，不仅仅丰富了生物多样性，更赋予了梨园坝村深厚的文化底蕴和历史层次，成为村落独特的自然与人文景观，吸引着外界的目光，促进了生态旅游的发展，体现了人与自然和谐共生的生态文明理念。

4. 建筑艺术的保护：装饰艺术，留存保护

梨园坝村的民居建筑，不仅仅是居住的场所，更是历史与艺术的载体。明清时期的建筑风格在村落中得到了良好保存，青瓦覆盖的坡屋顶与坚固的石基木柱结构，不仅展现了古代建筑的实用与美观，还反映了古人的智慧和对自然环境的深刻理解。民居内部的门窗、柱础等装饰细节，展现了精美的雕刻艺术，无论是繁复的图案还是寓意吉

---

① 刘吉宇、杨毅：《传统村落建筑形态分析与保护更新设计研究——以通江县梨园坝村民居为例》，《城市建筑》2021 年第 4 期，第 88~92 页。

祥的纹饰，都凝聚了民间工匠的高超技艺和村民对美好生活的向往。这些装饰艺术不仅仅美化了居住空间，更传递了世代相传的文化价值观，使得即便是最普通的家庭，也能感受到传统艺术的魅力，体现了村落居民对传统文化的尊重与传承，为现代人提供了宝贵的文化遗产和审美享受。

5. 历史军事遗迹的留存与探索

梨园坝后山的铁林城寨遗址，作为一处重要的历史军事防御工程，不仅仅承载着古代防御策略的实物见证，更是村民团结一致、自强不息精神的象征。寨子的建立与多次维修，映射出历史上村民面对社会动荡时的集体智慧和前瞻性的自我保护意识，这些记录不仅仅是对历史事件的回顾，更是对人性光辉与集体力量的颂扬。对于现代人而言，铁林城寨遗址不仅是一个研究古代军事防御体系和地方历史的宝贵资料库，也是进行文化旅游开发、增进公众历史认识的重要资源。它鼓励今人探索与反思，学习先辈们在逆境中求生存、求发展的坚韧不拔的精神，从而激发对文化遗产保护的责任感和对历史的敬畏之心。

（三）巴中通江梨园坝村的更新现状

1. 特色产业的更新：梨树种植，肉兔养殖

特色产业开发方面，梨园坝村充分利用其得天独厚的自然资源，将梨树种植与肉兔养殖作为核心特色产业进行深度挖掘和扩展。在梨树种植上，不仅重视科学种植技术的普及和应用，比如精准施肥、疏果管理和果实套袋技术，还通过举办梨花节、梨子采摘节等活动，吸引游客参与体验，促进乡村旅游的发展，进一步拓宽梨产品的销售渠道，提升品牌知名度。肉兔养殖则采用创新的合作经营模式，即"党建引领+村企自营+农户代养"模式，充分发挥基层党组织的引领作用，确保养殖项目的规范运营与风险控制。通过与四川大巴山锦祥兔业有限公司等企业的合作，建立了稳定的供应链条，从种兔供应、饲

料配给、疾病防控到成品兔的回收销售形成了一条龙服务，有效降低了农户的市场风险，同时，鼓励有能力的农户参与代养，不仅增加了农户的家庭收入，还促进了村民的就业，实现了经济效益与社会效益的双重提升。

2. 传统村落的更新：民俗活动，活化资源

梨园坝村深刻认识到古村落保护与发展的紧迫性和重要性，采取了一系列有效措施。首先，通过举办历史文化讲座、传统工艺展示和民俗活动，增强村民对自身文化遗产的认同感和保护意识，让村民们成为古村落保护的第一责任人。其次，积极争取国家乡村振兴项目资金和外部援助，对古建筑进行修缮和维护，同时，完善村内的道路、供水、供电等基础设施，提升居民生活质量，也为旅游发展打下坚实的基础。最后，梨园坝村还积极探索将传统文化与现代旅游相结合的路径，如开发古村探秘游、农耕文化体验、民宿客栈等项目，不仅吸引了大量游客，也为古村落的活化利用找到了新的经济增长点。通过这些努力，梨园坝村在保留传统韵味的同时，激发了村落的内在活力，走出了一条文化传承与经济发展的融合之路。①

3. 基础设施的更新：改善交通，便捷运输

梨园坝村在当前传统村落的保护与更新过程中，已经充分认识到现代化交通网络对于偏远乡村发展的重要性。尽管具体到高速公路建设的规划与实施细节尚未明确，但可以预见的是，这一举措将大大缩短梨园坝村与外界的时空距离，使得丰富的农产品如新鲜梨果和肉兔能够更快速、便捷地运往市场，减少物流成本，提高产品竞争力。同时，交通的便捷将极大地促进乡村旅游的兴起，吸引更多城市游客前来体验原汁原味的乡村生活、欣赏古村落美景，为当地带来可观的旅

---

① 周晨阳、龙双衡：《乡村振兴战略下古村落更新设计研究——以通江县梨园坝村为例》，《建材与装饰》2020 年第 16 期，第 64~65 页。

游收入。此外，良好的交通条件还将为梨园坝村吸引更多投资与合作机会，引入外部资本和技术，为传统产业的转型升级以及新兴产业的培育提供有力支持。

4. 综合发展的更新：统筹规划，持续发展

当前，梨园坝村正面临着人口空心化和传统建筑老化破损的双重挑战。为此，村委与规划专家紧密合作，制定长远的发展蓝图，旨在平衡保护与发展的关系。规划中可能包括对古建筑的分类保护与修复，既保留其历史风貌，又赋予其新的功能，如改造为民宿、手工艺品店或文化展览馆，以此带动当地文化旅游业。同时，通过合理规划新村建设区域，避免无序扩张对古村落的侵蚀，确保新旧和谐共存。此外，梨园坝村还致力于生态环境的保护与恢复，推广绿色农业技术，如有机种植和生态养殖，减少化学肥料和农药使用，保护水源和土壤，实现农业生产的可持续性。通过这些综合性的规划措施，梨园坝村旨在打造一个既保留传统韵味，又富有活力与创新的新型乡村社区，为乡村振兴树立典范。

三　通江县学堂山村

（一）通江县学堂山村的基本情况

学堂山村位于巴中市通江县城东北部的沙溪镇境内，地处四川盆地北侧边缘的中山地带，海拔为 600～900 米。学堂山原名凤鸣山，后改名富贵山，中华人民共和国成立以后因建学堂而易为此名。据考证，学堂山村始于明朝，其时蔡氏祖先自湖广麻城孝感辗转流徙，迁于此地定居后蔡氏后裔陆续会聚，逐渐发展为一个传统村落。村落内的蔡家沟、蔡家梁、上蔡沟等与蔡氏家族相关的地名，都反映出学堂山村典型的以血缘关系为纽带聚居的村落特征。

（二）通江县学堂山村的保护现状

1. 地理空间的保护：依托空间，合理布局

学堂山村坐落在坡势平缓宽阔的台地之上，背靠缓缓起伏的学堂山，周边有大片开阔的良田，山涧溪流顺势而下，农耕资源十分丰富。村落东、西、北三面沟谷围绕，周边连绵的山体形成环护之势，可阻挡冬日凛冽的寒风，创造出舒适的环境小气候。村落之内，同宗同姓的族人多三五成群聚在一处，形成数家或数十家相邻的院落组团分散各处，少有单家独户零散分布，最大限度地减少农地占用。居住群落均顺应地势，靠山面田、错落有致，掩映于绿树丛林之中，方位朝向自由灵活、因地制宜，并未拘泥于传统坐北朝南的择址方式。可以说，该村落巧妙地嵌入自然之中，形成规模适度、组团分布的居住模式，避免了农地资源的过度占用，实现了人与自然的和谐共存。村落内部结构紧密而不失灵动，院落群依据地形起伏错落布局，既遵循了地势的自然走向，又打破了传统坐北朝南的单一格局，展现了灵活多变的建筑朝向，每一户人家仿佛都是自然景观中的一景，与周围的绿树丛林完美融合。这种顺应自然、集约高效的聚落形态，不仅维护了生态环境的原貌，也保留了丰富的乡土文化和历史记忆，为学堂山村的保护与发展奠定了坚实的基础。

2. 建筑风格的保护：院落聚集，集中保护

学堂山村的民居宅院展现了多样化与灵活性的设计智慧，包括直线形、曲尺形、三合院、四合院等多种建筑样式，其中合院形式占据了主导地位。这些建筑巧妙地适应了周围的自然地形，通过筑台与吊脚等建筑技艺，与环境达到了高度和谐，既出现了带有典型地域特征的吊脚楼，也有依据地形起伏而设计的长短不一的坡屋顶，充分展现了建筑与自然的巧妙共生。院落作为日常生活与生产的核心空间，设计上注重宽敞明亮，其地面铺设着大块青石板，石板上的纹理导向清晰，强化了中央通道的地位，从而突显出堂屋区域的仪式感和空间序列。四周的檐廊多设有两步进深，不仅增强了空间的层次感，还为院落生活提供了遮挡。尤其值得注意的是，除了堂屋空间维持通高之外，其他如两侧次间和厢房上方的檐廊可按实际需求灵活封闭，形成了具有特色的骑楼式廊道，进一步丰富了地方建筑特色。时至今日，学堂山村内依旧保有数十座穿斗式木结构的古老院落，它们不仅仅是时间的见证者，更是历史的讲述者。其中，清代遗留下来的蔡家院落尤为著名（见图4-10），包括岭上院子、底院子、老院子、后头院子等，以及杨家大院子和舒正龙院子，这些院落群不仅承载着丰富的历史文化信息，也是研究当地建筑风格和生活方式的宝贵资源。

图 4-10　蔡家院落

资料来源：笔者拍摄。

同时，蔡家院落以位于上蔡沟的数组院落最具特色，包括底院子、后头院子和老院子等，主要为四合院形式。院落之间紧密连接，南倚郁郁葱葱的山林，北迎层层而下的泥土，东西两侧溪沟相邻，生产、生活环境较为优越。各组院落大体上采用坐南朝北的布局方式，同时根据各自的地势环境和景观需要灵活调整，偏向东北或西北一侧。其中，蔡家底院子采用四合院布局，堂屋东侧根据地形横向延伸形成曲尺形院落，开敞的院坝因地制宜，以不规则的三角形适应地形。正院入口设置龙门，与四川常见的山地合院门厅不同，底院子的前堂正中一间开，形成豁口，通过石阶进出庭院，地方特色尤为显著。院落外廊柱础造型独特、雕刻精美，阶石侧面亦布满各式富有传统民俗文化内涵的雕刻，显示出钟鸣鼎食之家的富贵荣华（见图4-11、图4-12）。后院子位于底院子北面地势略高的南侧，也呈合院式布局，院子以东附一狭长的小天井，以西则为一曲尺形院坝。另外几组蔡家老院子则位于底院子西侧，或坐南朝北，抑或坐东南朝西北，面向远处的沟谷之地散开。

图 4-11　蔡家院落廊柱雕刻

资料来源：笔者拍摄。

另外，位于学堂山村西部边缘的杨家大院，其历史可追溯至蔡氏家族，后转手杨家，成为他们世代传承的居所。这座大院遵循了经典的四合院布局原则，方位偏东南向西北，周遭环绕的通高檐廊赋予了内院空间以明亮开阔之感。院落中央，巨大的石板铺陈地面，每一块皆是精心挑选，阶沿石与柱础上雕饰细腻，加之柱体粗犷而不失古雅，尽显岁月沉淀之美。杨家大院的入口设计别具匠心，门两侧筑有平台，

图 4-12　蔡家院落民居石雕

资料来源：笔者拍摄。

并以一间厢房巧妙夹持，营造出紧凑的三面围合氛围。门楼则利用前伸后缩的屋顶设计，巧妙应对地势落差，石阶自外而内，经由门厅深入内院，空间过渡自然而充满节奏感，既适应了山区地形的复杂性，也凸显了建筑轴线的宏伟气势。转向学堂山村南部，舒家院子静静地坐落于舒家沟旁，它同样选择了坐南朝北的合院式布局，不过在院落组合上展现出与蔡、杨两家院子的细微差异，横向并排展开，展现出独特的布局美学。其入口设计同样亮点纷呈，采用豁口龙门形式，不仅强化了入口的视觉焦点，还通过石阶引领人们步入院中。尤为独特的是，龙门两边的建筑跨越两个不同高度的台地，下层设计为吊脚结构，用作养殖与储藏，上层则与厢房相连，通过外廊与整个院落相通，这样的吊脚楼设计在院坝边缘可灵活增设外廊，为建筑群增添了更多的层次与深度（见图 4-13）。

图 4-13　舒家院子入口

资料来源：笔者拍摄。

3. 政策层面的保护：政策支持，名录认证

2019 年，学堂山村列入第五批中国传统村落名录，这一里程碑式的认证不仅是对村落历史悠久文化价值的高度肯定，而且标志着学堂山村正式迈入了国家保护与发展的战略视野。这一名录认证不仅仅是荣誉的象征，更是为村落的持续保护、合理利用与科学发展铺设了一条坚实的政策之路。它意味着学堂山村将在保持和恢复传统村落原始风貌、传承非物质文化遗产、促进文化旅游等方面获得来自政府的专项资助、技术支持和法律保障，为村落的活态保护与可持续发展开辟了新的路径。进入名录后，学堂山村的未来规划与保护工作将更加有章可循，有法可依。国家与地方政府的政策倾斜将引导资金流向，用于村落基础设施的改善、古建筑的修缮维护、生态环境的保护以及文化活动的复兴，确保在快速推动的现代化进程中，学堂山村能够有效避免盲目商业化和同质化发展，守护住那份难能可贵的历史真实性与文化多样性。

（三）通江县学堂山村的更新现状

1. 基础设施的更新：政策纲领，行动导向

学堂山村在通江县的总体发展规划下，正经历着一场深刻的文化

与教育革新，力求在保护与传承中寻求新的发展模式。为确保这一目标的顺利实现，地方政府首先从政策层面给予了强有力的支持。具体来说，出台的《通江县中小学研学实践教育实施意见》不仅仅是一份文件，更是学堂山村乃至整个通江县教育与文化发展蓝图的行动指南。这份实施意见详尽规划了研学实践教育的方向、目标及具体实施路径，为后续工作的开展奠定了坚实的政策基础。在此基础上，成立的县委、县政府分管领导任双组长的研学旅行工作领导小组，是推动各项措施有效落地的关键。这样的高规格配置，体现了政府对教育创新与文化传承的高度关注与决心。领导小组集合了多部门的力量，确保了在资源整合、项目审批、安全保障等各个方面能够快速响应、协同合作，构建了一个既高效又安全的研学实践教育环境。这种跨部门的协作机制，有利于打破传统壁垒，促进政策执行的顺畅与高效，为学堂山村乃至全县的教育、文化、旅游融合发展提供了坚实的机制保障。此外，这一系列政策与机制的建立，还着眼于长远发展，强调了规范管理、责任清晰的重要性，确保了参与研学实践活动的中小学生能够在一个健康、有序、充满活力的环境中学习与成长。通过这样的体系构建，学堂山村不仅在短期内提升了研学教育的品质，也为未来的可持续发展打下了坚实的基础，逐步朝着成为集传统韵味与现代气息于一体的综合性乡村典范迈进。

2. **传统文化的更新：访古教育，传承非遗**

学堂山村的历史遗迹种类繁多，包括古建筑群、古桥、古寨等，这些实体遗存不仅展示了精湛的传统建筑技艺，还蕴含了深厚的文化寓意。例如，"三善同缘"石蹬桥与三品古寨（见图4-14、图4-15），不仅仅是交通与防御设施，更是承载地方历史记忆与村民精神寄托的象征。古墓葬的考察，则为理解当地家族史、社会结构及艺术审美提供了实物资料，其中蔡石玉合葬墓的精细石雕艺术，展现了传统吉祥文化的丰富表达。除了物质文化遗产，学堂山村同样重视非物质文化遗产的保护与传承，如地方民歌的传唱——《耩秧歌》《号儿歌》等，这些民歌在村民的日常生活中扮演着重要角色，不仅是劳作时的娱乐，也是地方文化认同与社群凝聚力的体现。通过教育活动，如组织民歌传唱会、乡土文化讲座等，促进年青一代对本土文化的认知与尊

图 4-14 始建于清代嘉庆二十年的"三善同缘"石蹬桥

资料来源：笔者拍摄。

图 4-15 建于清代嘉庆五年的三品古寨寨门

资料来源：笔者拍摄。

重，实现非物质文化遗产的活态传承。当前，学堂山村利用其独特的文化资源，推动访古教育与文化旅游的结合，旨在打造一个结合传统与现代、教育与旅游的综合发展模式。通过政策引导与机制保障，如成立专门领导小组，确保研学实践教育的安全高效运行，同时开发历史遗迹游、民俗体验游等旅游产品，不仅能为游客提供深入了解传统文化的平台，也能为当地经济的多元化发展注入活力。

3. 科普教育的更新：线路规划，联动研学

通江县学堂山村近年来致力于将自身独特的地域优势转化为教育与旅游深度融合的创新实践。通过深度挖掘本地文化基因与自然禀赋，学堂山村积极探索一条既符合时代需求又具有地方特色的研学实践教育路径，力图构建一个多元、开放、互动的"通江模式"，旨在成为巴蜀地区的研学旅行新标杆。在这一模式下，学堂山村策划并推出了几条特色鲜明的研学实践教育线路。首先，作为红色研学首选地，学堂山村充分利用其深厚的红色文化底蕴，设计了红色文化主题线路，带领学生走进历史现场，通过参观革命遗址、聆听英雄故事，感受那段烽火岁月中的家国情怀与革命精神，增强青少年的爱国情感与历史责任感（见图4-16）。其次，鉴于其独特的地理构造和丰富的自然资源，学堂山村打造了"地质研学优选地"，推出自然科普主题线路。学生们可以近距离观察丹霞地貌、喀斯特洞穴等自然奇观，通过专家讲解和实地考察，学习地质科学知识，培养探索自然、保护环境的意识。最后，学堂山村还着重于文化传承，开辟了文化传承主题线路，让学生们沉浸式体验传统工艺、参与非物质文化遗产项目，如学习制作传统手工艺品、参与民间艺术表演，从而加深对中华优秀传统文化的理解与认同。为了进一步扩大影响力，学堂山村积极与周边地区建立紧密的区域联动机制。通过与相邻市县的景点、学校、研究机构等合作，共同开发跨区域的综合研学项目，实现了资源的优化配置

与共享。这种联动不仅丰富了研学内容，拓宽了学生的视野，还有效地带动了区域旅游经济的发展，形成了共赢局面。

图 4-16　红色研学基地

资料来源：笔者拍摄。

4. 文化遗产的更新：志愿服务，传承习俗

学堂山村在传统文化与习俗的传承上，采取了一系列积极措施，以确保这些宝贵的文化遗产得以延续并焕发新生。针对清明节、中元节、除夕、春节等传统祭祀日，学堂山村组织成立了由村中长者与文化志愿者组成的"文化传承小组"，负责整理和规范祭祀流程，确保传统仪式的正宗性与庄重性。同时，小组成员在祭祀活动中向年青一代讲述节日背后的历史故事与文化意义，使传统节日不仅仅是形式上的庆祝，更成为文化教育的重要时刻。再如农历九月十六日的牛王会是学堂山村最具特色的传统活动之一。为了更好地传承这一习俗，村里不仅对牛王庙进行了修缮维护，还通过举办牛王会文化节的形式，增加了民俗表演、农耕文化展览、传统手工艺展示等环节，吸引了更多村民与外来游客的参与。通过举办这些活动，不仅弘扬了尊敬自然、祈求丰收的传统文化精神，也促进了对外文化交流，增强了外界对学堂山村传统文化的认知与尊重。另外，在如今现代科技手段的助力下，学堂山村对牛王会等传统祭祀活动进行影像记录，通过社交媒体、官方网站等渠道进行宣传推广，让更多无法亲临现场的人也能通过视频、图文等形式了解和感受到这些传统习俗的独特魅力，扩大文化传播的范围与影响力。

四 泸州合江穆村

（一）泸州合江穆村的基本情况

穆村位于泸州市合江县福宝镇东南部，早期因穆姓家族聚居而得此名，2015 年列入中国传统村落名录。村落位于东、西、南三面环山的高谷台地，台地东西宽约 1000 米，南北长约 2000 米，形成由南向北逐步放宽的带状地形。沿沟谷向南延伸，即是与贵州交界的石虎关，曾是川黔达边塞要地，由此即可进入贵州境内。古时的穆村有川盐进入贵州的盐马古道穿越而过，境内农耕环境和商业交通环境相结合，共同构成穆村传统村落选址布局的重要影响因素（见图 4-17）。

图 4-17 穆村传统村落

资料来源：笔者拍摄。

（二）泸州合江穆村的保护现状

1. 自然资源的保护：顺应自然，合理布局

穆村所处地形整体呈东高西低之势，东边是平缓的台地，海拔在500米左右，西边往下是险峻的沟壑，海拔在300~400米，再往东西两侧延伸则是陡峭的山地，海拔达1000米左右。南北狭长的台地之上布满肥田沃土（见图4-18），西侧平缓的台地为适宜种植稻谷的水田，东侧靠近山脚的缓坡则为种植玉米、小麦及蔬菜、瓜果的旱土。因地处山地，溪流较少，水田常年蓄水，并且密集分布有蓄水水塘以保障生产生活用水之需。台地之上至今还保留有10余组传统的乡村院落，但多数宅院因后期加建或改建已发生较大的变化。目前原始风貌保持较好的院落建筑群尚有楼房头的两处大院以及刘坪的一处大院，均由李姓家族兴建于清末年间。其中，楼房头的楼房院子和横房院子均呈背山面田之势，适应地形环境坐东朝西，而刘坪的李家院子则正对两山相对的沟谷豁口，整体院落坐北偏东而朝南偏西，灵活调整为靠山靠田之势，反映出巴蜀地区的村落建筑是在适应原本地形地势的基础上进行保护的。

图 4-18　肥沃的梯田

资料来源：笔者拍摄。

2. 乡村宅院的保护：长期留存，改建较难

穆村的传统乡村住宅展现了三项独特设计特征。首先，其开放宽敞的庭院布局是一大亮点。住宅由四合院与曲尺院构成，地面铺设本土红砂石，既实用又美观。北侧曲尺院开放无围，而南面的合院广阔，不栽植花草，专用于秋收时晾晒谷物。横房院子则设计有多处外延的石砌院坝，意在适应家族分支后各自生产活动的需求。其次，村中矗立着高大的土质碉楼（见图4-19），这些建筑象征着历史上的自卫需求——穆村位于山岭地带且靠近古道，昔日安全形势严峻，碉楼因此承担起监视与防御职责，被村民亲切地称为"亭子"。碉楼结构为方形，尺寸灵活，不仅能保卫家园，还能充作生活空间。最后，广泛应用的土墙是又一显著特点。尽管穆村隐于林木茂盛的深山，建筑却偏好土筑而非木构，从楼房院子的外墙、碉楼到横房院子乃至刘坪李家大院，土墙不仅能调节室温，冬暖夏凉，更能增添安全保障，体现了川南地区建筑对自然环境的适应及地方营造工艺的独特智慧。这些特色鲜明的乡村宅院不仅仅是历史的遗存，它们在现代社会环境中持续存在，更有效地保存了古老的建筑智慧，并作为活生生的历史文化景

图 4-19　土质碉楼

资料来源：笔者拍摄。

观，促进了地域文化的延续与繁荣。

目前，楼房院子、横房院子与刘坪李家大院的传统建筑风貌基本保持完好，但都已经出现不同程度的改建和毁坏。楼房院子四合院入口的门板也有不同程度的损毁，横房院子最具特色的堂屋空间已遭拆除。而刘坪李家大院的入口门厅也已垮塌，堂屋部分已遭改建，四角楼除一座被拆除外，其余三座均被改建降层。更为突出的问题则是人走屋空，原有居民外迁，保护和传承面临着巨大困境。2015年穆村被列为中国传统村落之后，地方政府正在采取措施寻求保护和发展之路。

（三）泸州合江穆村的更新现状

1. 村落遗产的更新：近郊旅游，活态传承

合江作为国家级传统村落集中连片保护利用示范县，聚焦"活态保护、活态传承、活态发展"，用联动机制大力推进传统村落、传统民居等文化遗产的保护和活化利用，努力把传统村落打造成"醉美泸州"展示窗口、乡村振兴的特色样板、文化传承的示范标杆。为了更好地保护碉楼建筑，目前穆村以修缮典型建筑为引领，带领村民主动采用传统材质、传统工艺对传统建筑进行保护与修缮，对新建建筑（见图4-20）进行改造，恢复传统村落建筑自然景观，同时，完善交通、水电等基础设施，计划建设渝叙筠高速，并邻近设置出入口，为村民生活提质、产业发展提速搭建大通道，不仅加强对已落地文旅、农业等业态的支持，而且引导本地网红、媒体力量建立传统村落大师工作室、带货直播间，助力传统村落更为有效保护和利用。

2. 道路交通的更新：全面修缮，交通典范

乡村振兴战略的深入推进，正引领无数乡村经历翻天覆地的变化，其中合江县福宝镇穆村便是典范之一。在产业升级与传统村落保护的双重驱动下，穆村探索出一条农业与旅游业深度融合的发展路径。该村落坐落于福宝镇东南边缘，与贵州接壤，栗子河蜿蜒流经其

图 4-20 新建集中新村

资料来源：笔者拍摄。

间，距福宝镇仅 6 公里。这里自然风光旖旎，蓝天白云下，连绵群山苍翠欲滴，梯田如链，绿意盎然，村民们忙碌于田间，果园内果实累累，笑迎春风，而那些掩映于葱郁之中的土墙碉楼，其飞檐古朴，仿佛世外桃源，展现着岁月的静好与古村的韵味。为了更好地促进旅游业发展，穆村在 2019 年加宽了水泥路面，正积极推进从穆村五社至玉兰山的柏油路建设项目，旨在通过改善道路设施，加速融入佛宝景区的旅游网络，为乡村游开辟更顺畅的通道（见图 4-21）。可以说，曾经受限于交通闭塞和人口稀疏的穆村，伴随着脱贫攻坚战的全面胜利，迎来了崭新的发展机遇。水泥路的铺设、养殖业与种植业的兴起、加工厂及扶贫车间的建立等一系列项目的落地开花，不仅带动了产业的蓬勃发展，也让这个古老村落焕发新生，踏上了一条充满活力的振兴之路。

3. 产业基地的更新：集体经济，产业优化

穆村充分利用其得天独厚的地理条件，坐落在半山腰的台地上，享受着格外充足的阳光与适宜的气候，这为桃树种植提供了近乎完美的自然环境。长期以来，穆村村民便有着栽种桃树的传统，基于这一深厚的基础，穆村决策层决定放大这一优势，精心打造了占地面积达

图 4-21 修缮道路设施

资料来源：笔者拍摄。

500 亩的优质桃产业基地（见图 4-22）。这片桃园不仅仅成为当地的一大特色景观，更是村民们增收的重要来源，通过科学管理与品种优化，提升了桃果的品质与产量，吸引了众多游客前来采摘，有效促进了农旅融合发展。在巩固和发展桃子特色产业的同时，穆村还积极探索集体经济的多元化发展路径，力求通过多渠道增加村民收入，提升乡村经济的整体实力。为此，穆村投资建设了现代化养猪场，采用环保高效的养殖模式，不仅解决了农村剩余劳动力的问题，还通过科学饲养提高了猪肉的市场竞争力，增加了集体经济的收益。穆村还与周边乡村合作，共同建立了竹制品加工厂，充分利用当地丰富的竹资源，开发了一系列环保、实用的竹制品，既传承了传统手工艺，又开拓了新的经济增长点。这一举措不仅促进了产业链的延伸，还为村民们提供了在家门口就业的机会，极大地增强了村民的归属感和幸福感。此外，穆村还积极响应国家扶贫政策，创办扶贫车间，引入手工艺品制作、农产品深加工等项目，为低收入家庭提供技能培训与就业机会，助力他们实现稳定脱贫。这些措施不仅壮大了集体经济，还有效遏制了农村劳动力外流的趋势，让村民们在家乡就能实现创业与就业的梦想，共同绘制出一幅乡村振兴的美丽画卷。

图 4-22 桃产业基地

资料来源：笔者拍摄。

4. 村落农业的更新：农旅结合，全面带动

穆村 2015 年被评为第五批"中国传统村落"，古时有川盐入黔的盐马古道穿越而过，乾隆年间《合江县志》记载，村里有"石虎关"重要关隘，"仁合桥"界碑即立于此，村内还有保存完好的明代建筑"斗指寺"（见图 4-23），以及 5 座碉楼建筑群。为此，穆村在大力发展产业的同时，利用独有的历史文化资源，确立了农旅结合发展的思路。穆村在实施农旅融合战略时，注重保护与开发并重，一方面，加强对古迹的维护修缮，确保历史遗迹的原貌得以保存；另一方面，围绕这些文化景点，开发一系列体验式旅游项目，如古道徒步、历史文化讲解游、传统手工艺体验等，让游客在亲近自然、享受田园风光的同时，也能深刻感受到穆村独特的历史文化魅力。为了更好地服务游客，穆村还完善了基础设施，包括游客服务中心、生态停车场、特色民宿等，同时，结合桃产业基地的优势，推出"桃花节""桃子采摘季"等活动，将农业生产的周期性特点转化为旅游吸引力，实现了季

节性农业与全年旅游的有效融合，极大地促进了当地经济的多元化发展，也为村民们带来了实实在在的经济收益，真正做到了文化传承与经济发展的双赢（见图 4-24、图 4-25）。

图 4-23　有摩崖石刻的斗指寺

资料来源：笔者拍摄。

图 4-24　穆村附近的高洞瀑布

资料来源：笔者拍摄。

图 4-25　穆村的岩居遗址

资料来源：笔者拍摄。

第二节　庄园式传统村落

　　庄园式传统村落，特指乡村中显赫家族的庞大居所，与普通乡村住宅相比，其居住形态呈现独特风貌。这类庄园的显著特点是，四周常环绕着巍峨坚固的围墙，并配以用于防御和监视的碉楼，围墙与碉楼相接，形成了类似小型城堡的防护体系。庄园规模可大可小，小者为一家几代共享天伦之乐的温馨居所，大者则聚合同宗数家乃至数十家，每个家庭单元保持相对独立，而整个庄园则是由多个精心规划的院落组合构建而成。在更宏大的层面上，一些大家族能构建出多组庄园，相互依存，共同构成一个庞大的庄园式村落社群。而且庄园内部功能配置丰富多样，不仅满足了基本的生活需要，还融入了丰富的文化元素。比如，设有表演民俗文化的戏楼、供奉神明体现宗教信仰的佛堂，以及作为精神休憩场所的精致园林等，这些都与一般乡村住宅截然不同，充分反映了庄园主深厚的经济基础与独特的文化追求，构成了别具一格的文化经济景观。

一 大邑刘氏庄园

（一）大邑刘氏庄园的基本情况

成都平原西部的大邑县安仁镇是典型的家族聚居的传统场镇，古镇内以刘氏家族聚居最为集中，至今还遗存有刘氏家族的庄园及公馆20余处，也是著名抗日将领刘湘及起义将领刘文辉等民国时期军政要员的故乡。其中最具规模和特色的是位于场镇东部的刘氏庄园，整体院落组群与场镇空间关系密切，但其具有相对独立的庄园环境。刘氏庄园由刘氏四兄弟的集中公馆群与刘文辉公馆两大部分组成。集中的刘氏公馆群包括刘氏祖屋、刘文渊公馆、刘文昭公馆、刘文成公馆、刘文彩公馆，而刘文辉公馆独立于刘氏公馆群北侧约400米处，南北之间由新建的步行商业街紧密连接，形成规模巨大的刘氏公馆村落群（见图4-26、图4-27、图4-28）。

图4-26　大邑刘氏庄园鸟瞰图

资料来源：笔者拍摄。

图 4-27 大邑刘氏庄园

资料来源：笔者拍摄。

图 4-28 刘文辉公馆

资料来源：笔者拍摄。

（二）大邑刘氏庄园的保护现状

1. 历史庭院的保护：集中呈现，完好保存

庄园内的建筑群，包括刘氏祖屋及刘文彩等兄弟的公馆，至今保持着原有的历史风貌。这些建筑不仅展示了川西传统庭院布局和建筑

结构，还融合了近代西方建筑元素。例如，刘氏庄园的建筑风格受近代建筑文化影响较大，建筑平面基本上采用川西传统的庭院布局方式，以四合院和小天井为基本空间组合特征，建筑构架也采用了穿斗结构与抬梁构架组合的模式。[①] 但外部空间的封火墙装饰风格则反映出外来文化的影响，在装饰图案上融入了爱奥尼柱式、哥特式等建筑风格，装饰材料也运用了当时比较流行的水刷石抹面工艺。刘氏庄园入口大门的立面形态融入了山花墙的风格特征，但其组合形式有巴蜀地区传统八字牌楼门的空间意向，从装饰的主题、材料、技艺等方面都表现出四川地区近代城镇村落中西合璧的建筑风格和时代特征（见图 4-29、图 4-30）。刘文彩公馆的小姐楼也是由传统大宅院的绣楼演变而来，具有传统的历史文化色彩。该小姐楼建于 20 世纪 30 年代，建筑风格打破了传统的绣楼形式，平面采用六边形，为三层楼阁式建筑，六角尖屋顶，砖砌外墙抹灰显得更为坚实，凸显近代建筑的风格特色。如今，大邑刘氏庄园的保护通过集中呈现的形式来将历史遗迹留存下来，由专业团队制定详细的历史建筑保护规划，确保所有保护措施符合国家文物保护标准和国际文化遗产保护准则，同时当地也设立专门的管理部门，负责日常巡查、维护和紧急修复工作，以预防性保护为主，及时处理可能出现的损害。通过这些综合性的保护措施，大邑刘氏庄园的历史庭院得以集中呈现，其原有风貌得到了完好保存，为后人留下了宝贵的文化遗产和历史见证。

2. 建筑空间的保护：紧凑布局，专项维护

在大邑刘氏庄园中，刘氏兄弟的集中公馆群是在刘氏祖屋的基础上逐渐发展而来的。刘氏祖屋始建于清道光初年，先后历经几次改造扩建，直到民国时期才形成现有的规模。现存祖屋为两进院落的四合

---

① 伍静：《成都平原地区民居院落空间文化保护与传承研究——以大邑县刘氏庄园为例》，《四川建筑》2017 年第 4 期，第 49~50、53 页。

图 4-29 刘氏庄园入口处

资料来源：笔者拍摄。

图 4-30 刘氏庄园建筑元素

资料来源：笔者拍摄。

院，建筑坐西朝东，院门坐南朝北。祖屋前院的厢房有刘氏家族八世祖刘公瓒所创建的酒坊，用自家井水酿造了公瓒酒。刘氏祖屋以北依次为刘文渊、刘文昭、刘文成的公馆，三座大院与刘氏祖屋在南北向并置排列，主要院落均坐西朝东，同时借用入口大门来调整各自的朝向方位。刘氏祖屋以东为刘文彩公馆，其规模最大，几乎占据了刘氏公馆群的东半部分，除中心两进大型的院落空间外，东侧还有小姐楼、雇工院等多组院落，院落之后还有规模宏大的后花园。刘文彩公馆大致呈坐东朝西的空间布局，与刘氏祖屋东西相对，反映出该公馆在组群中的重要空间角色。刘氏兄弟的公馆规模都很庞大，但各馆之间的布局又相当紧凑，公馆与公馆之间以封火墙围合形成狭长通廊，适应院落组合空间的变化，同时通廊又能形成转折变换的外部空间形态。1996 年，刘氏庄园被列为第四批全国重点文物保护单位，这标志着其在中国文化遗产保护体系中的重要地位，享受国家层面的法律保护和专项维护。可以说，大邑刘氏庄园的建筑空间保护工作不仅关注单个建筑物的维护，还着重于保持整个庄园紧凑而有序的布局，以及其独特的空间氛围。这种保护策略旨在确保庄园的整体性和历史真实性，同时预防自然侵蚀和人为破坏。

（三）大邑刘氏庄园的更新现状

1. 村落更新：建设博物馆，呈现地域特色

大邑刘氏庄园，坐落于四川省成都市大邑县安仁镇金桂街 15 号，不仅是巴蜀地区传统村落与近现代地域文化研究的宝贵对象，也是中国近现代社会历史的重要见证，被恰当地赋予了博物馆的新角色，以促进村落的现代化更新。这座占地逾 7 万平方米、建筑面积达 21055平方米的庄园，以其典型的川西坝子建筑风格，成为活态文化遗产保护与利用的典范。大邑刘氏庄园始建于 1958 年 10 月，原为大邑地主庄园陈列馆，在 1997 年初正式更名升级为"大邑刘氏庄园博物馆"，标志着其从单一的展览空间转变为集保护、研究、展示、教育于一体的综合性文化机构。该博物馆不仅保存了丰富的历史建筑，还拥有众多珍贵馆藏、精美的泥塑艺术品及其他历史遗存（见图 4-31、图 4-32），这些资源共同构成了研究中国半殖民地半封建社会特征、四川地方军事历史、民俗文化和近代居住建筑不可多得的实物资料库。通过将庄园转变为博物馆，不仅维护了历史环境的真实性与完整性，顺应了时代

对文化展示和教育功能的需求，也确保了这一特色地域文化的持续生命力。① 这样的转换策略，有效促进了传统村落文化的传承与弘扬，使大邑刘氏庄园不仅作为历史的静态展示，更成为连接过去与未来的活态桥梁，深刻反映了中国近现代社会发展的复杂面貌。

图 4-31　大型泥塑《收租院》

资料来源：笔者拍摄。

图 4-32　刘氏庄园室内陈设

资料来源：笔者拍摄。

---

① 赵楷、唐孝祥：《试论大邑刘氏庄园的建筑文化特征》，《小城镇建设》2008 年第 6 期，第 81~84 页。

2. 旅游更新：活化文物资源，吸引游客参观

大邑刘氏庄园博物馆，自 2001 年荣获国家旅游局颁发的国家 AAAA 级旅游景区称号以来，不仅巩固了其作为文化旅游目的地的地位，而且极大地推动了文物资源的活化利用与区域旅游经济的发展。这一荣誉的获得，标志着庄园不仅在历史文化价值上得到了国家层面的认可，也在旅游服务、设施完善及游客体验上达到了较高标准，成功吸引了国内外大量游客前来参观学习，体验川西传统文化的魅力（见图 4-33）。随后，在 2009 年，它再获殊荣，被国家文物局评定为国家三级博物馆，进一步彰显了其在文物收藏、保护、研究及展示方面的专业水平与重要地位。作为全国重点文物保护单位，大邑刘氏庄园不仅承担着保护文化遗产的重任，也积极探索如何通过旅游这一平台，让沉睡的文物"活起来"，让历史故事"讲出来"。通过策划多样化的旅游项目与文化活动，如定期举办的历史文化讲座、传统手工艺展示、互动式导览体验活动等，庄园不仅丰富了游客的文化体验，也有效促进了文物知识的普及与传播，使得更多人能够近距离感受中国近现代历史的深度与广度。这种以旅游带动文物活化与发展的模式，不仅为庄园本身注入了新的活力，也为其他同类文化遗产的可持续发展提供了可借鉴的范例。

图 4-33　刘氏庄园（1）

资料来源：笔者拍摄。

3. 科普更新：多元学术教育，传承地域文化

刘氏庄园作为一座保存状况极佳的传统村落群典范，自 20 世纪 50 年代转型为陈列馆伊始，便开启了其在传统村落建筑保护与活化利用方面的先期探索。随着时间的推移，虽然展陈内容历经增添与调整，最终蜕变为今日的大邑刘氏庄园博物馆，但其在保护历史真实性和文化完整性方面始终不渝。庄园的每一处院落，无论是外显的建筑风格，还是内部空间布局、装饰材料与艺术细节，都精心保留了过往的时代印记，为深入研究川西地区的传统村落结构以及近现代独特地域条件下的城乡发展模式提供了宝贵的实物案例和学术资源（见图 4-34）。尤为值得一提的是，大邑刘氏庄园博物馆不仅是一座历史的宝库，它还被赋予了全国文物系统优秀爱国主义教育基地和全国青少年教育基地的重要角色。这一双重身份，使得大邑刘氏庄园博物馆能够在传承历史文化的同时，积极发挥其在学术教育领域的潜力，不仅能够增强公众对国家历史文化的认识与自豪感，还能激发青少年探索历史的兴趣，培养他们对传统文化的尊重与保护意识。通过组织学术研讨会、开设历史文化课程、开展青少年研学活动等多种形式，大邑刘氏庄园

图 4-34　刘氏庄园（2）

资料来源：笔者拍摄。

博物馆有效地将学术研究与教育实践相结合，不仅促进了学术界对相关领域的深入了解，也为年青一代构建了一座连接过去与未来的桥梁，实现了文化遗产在新时代背景下的教育更新与传承。

二 宜宾夕佳山庄园

（一）宜宾夕佳山庄园的基本情况

夕佳山黄氏家族宅院位于宜宾市江安县夕佳山镇北侧，自明万历四十年（1612 年）到民国十七年（1928 年），前后历经 300 余年的修葺和完善方才形成今日所见之规模，于 1996 年被列为第四批全国重点文物保护单位。夕佳山庄园坐落在长江南岸夕佳山台地之上，朝北 10 余公里处为视野开阔的长江沱湾，与长江对岸起伏变化的地形形成对景，沱湾两侧群山跃起、东西相护，具有典型的传统空间格局。整个宅院建筑群采用坐南朝北的布局方式以适应山地地形，宅前地势低平，开辟有椭圆形大堰塘以集纳地表水流，同时满足传统院落背山面水的环境要素需求。背山一侧人工种植大量林木，桢楠种植达 80 余亩，参天树木郁郁葱葱、生机盎然，不但创造了良好的自然绿化环境，而且能防止水土流失，凸显四川山地传统村落经营的自然生态景观。

（二）宜宾夕佳山庄园的保护现状

1. 民居文物的保护：文旅融合，政策保护

宜宾夕佳山庄园，以其独特的建筑风貌和自然生态并蓄之美，成为文物保护与旅游开发相得益彰的典范（见图 4-35、图 4-36、图 4-37）。庄园内含 120 余间古朴房屋、10 余个错落有致的天井，并巧妙融入了碉楼设计，曾历经乡政府、粮站乃至党校的职能变迁，直至 1988 年华丽转身，成为四川省夕佳山民俗博物馆，正式开启其文化展示与教育功能的新篇章。作为一处免费开放的全国重点文物保护单位及国家

AAAA 级旅游景区，夕佳山庄园免除了参观门票，向公众全面展示了其非凡的文物价值。庄园周遭高墙深锁，碉楼四隅耸立，形成一道坚固的历史防线；而后山楠树林枝繁叶茂，千株古木参天，每逢春夏便有成千上万只白鹭栖息其间，自然与人文景观交相辉映，赢得了"天然鹭鸟公园"的美誉。宜宾夕佳山庄园文物保护地位的逐步确立，见证了其历史性跨越：1991 年，四川省人民政府将其列为省级文物保护单位；1996 年，庄园更被国务院晋升为全国重点文物保护单位，彰显了其在全国范围内的重要地位；2006 年，国家旅游局的国家 AAAA 级旅游景区评定，则是对夕佳山庄园在旅游资源开发与管理上的又一高度认可，进一步提高了其作为文化旅游目的地的知名度与影响力。这一系列的荣誉与保护措施，不仅仅有效确保了庄园本体及其周边环境的完好保存，更为探索传统文化遗产的现代价值与可持续发展路径提供了宝贵经验。

图 4-35 夕佳山民居

资料来源：笔者拍摄。

图 4-36　宜宾夕佳山庄园四角的碉楼之一

资料来源：笔者拍摄。

图 4-37　宜宾夕佳山庄园景观廊道

资料来源：笔者拍摄。

2. 建筑特色的保护：留存建筑，传承寓意

民居建筑均饰以雕刻雕塑，描金绘彩，挂匾悬对，十分精美，富含民族传统文化的丰富内涵，无论是窗门、屋脊、斜撑、柱础、墙饰，还是木雕、石雕等，制作都独具匠心，手法细腻，具有深刻的寓意（见图4-38、图4-39、图4-40）。堂屋脊顶上灰塑的"山谷题留"，讲的是北宋大文豪黄庭坚谪居宜宾期间途经江安题字的故事。其他屋顶上分别灰塑的是"西游记""八仙过海""黄鹤楼"等神话故事和历史传说。正厅前面是28扇木制的菱花格窗门，正中4扇是"渔""樵""耕""读"4幅镂空雕的图画，下面配"福""禄""寿""喜"4个木刻篆字，暗示子孙后代要以耕读为本，才会年年有余。至今，黄氏后代多为教师，散居在新疆、成都、西安等地。小桥石栏上的石刻图画则是取自《二十四孝图》的故事。后厅院墙上有雕塑和镶嵌画，其中间为蝙蝠、铜钱图案，左右为龙凤，四周饰以祥云，意为眼中有福，福运滚滚。沁园内为家塾所在，横匾上题"学稼轩"，告诫子弟们不忘学习农事。当前，庄园在保护与传承的过程中，也更多通过保留原本的建筑结构与特色的形式来实现传统村落文化的传承与发展。

图4-38　夕佳山庄园传统雕刻建筑特色

资料来源：笔者拍摄。

图 4-39 夕佳山庄园菱花格窗门

资料来源：笔者拍摄。

图 4-40 夕佳山庄园屋脊

资料来源：笔者拍摄。

（三）宜宾夕佳山庄园的更新现状

1. 宣传层面的更新：影视拍摄，助力发展

宜宾夕佳山庄园凭借其独特的传统风貌与深厚的文化底蕴，成为影视行业青睐的取景胜地，有力地促进了当地村落的综合发展与文化复兴。在影视作品的助推下，夕佳山庄园焕发出新的生机。其中，21集电视连续剧《家》，改编自巴金先生的文学经典"激流三部曲"之《家》，该影片在庄园内的拍摄不仅生动再现了原著中的情境，也极大地提升了庄园的知名度（见图 4-41）。紧随其后，由郭宝昌导演继《大宅门》后再献商界传奇剧作《酒巷深深》，选择夕佳山作为主要拍摄场地，进一步巩固了庄园作为影视拍摄优选地的地位。此外，一系列其他影视作品，包括《死水微澜》《中国一绝》《傻儿师长》《董卓君》《蝴蝶雪》《梨园传奇》《丁香梦破灭记》《东方龙》等电视剧，以及《草莽英雄》《拂晓枪声》等电影，纷纷取景于此，通过镜头语言展现了庄园的独特魅力，同时也带动了当地旅游业与文化产业链的发展。这些影视作品的成功拍摄，不仅仅记录下了庄园的美丽景致，

图 4-41　夕佳山庄园《家》的拍摄地

资料来源：笔者拍摄。

更为其增添了浓厚的艺术氛围，使夕佳山庄园在文化传承与创新中找到了新的定位和发展机遇。

2. 旅游产业的更新：民居特色，助力文旅

夕佳山民居位于四川省江安县夕佳山镇，系全国重点文物保护单位、国家 AAAA 级旅游景区，距蜀南竹海 20 公里，距兴文石海 50 公里。夕佳山民居是一座典型的川南封建地主庄园，是自给自足的封建自然经济的产物和实物佐证。民居为悬山穿斗式木质小青瓦结构，始建于明万历四十年（1612 年），其历史之悠久、保存之完好在川南乃至全国都极为罕见，民居的形成发展史就是明末以来四川民间的一部社会史、风俗史。民居布局严谨，功能齐备，雕梁画栋，富丽堂皇，素有"中国民间建筑活化石"之美誉（见图 4-42）。①周围有 102 亩楠树林，每逢春夏，上万只白鹭云集枝头，或追逐嬉戏，或呼朋引伴，远远望去，宛如绿茵上轻飘着片片白絮。白鹭在夕佳山春来秋去，繁衍生息，已经有 200 多年的历史了，为境幽宅古的民居平添了无限的灵气和生趣。因而，夕佳山民居又有"天然鹭鸟公园"之美誉。夕佳山民居特有的自然景观与文化景观的结合，使其能够在自然景观的助力下发展旅游经济。例如，仁和百竹海原生态一日游可游响水洞、白毛洞、长摊子、猫猫沟，到九龙滩景点探险，品尝宝钟山农家乐（三星级），体验做饭、推磨、点豆花等农家活动；夕佳山景区民俗风情一日游可以赏夕佳山古民居和天然鹭丝鸟森林公园，参与民间婚俗表演活动，可扮演新娘、新郎、抬轿、敲锣打鼓、吹唢呐等相关角色，品尝特色菜肴"九大碗"；在宗教文化一日游中，游客可以参观红佛寺、睡佛寺、天主教堂、红桥梅岭山武侯祠、井口武侯祠、金仙洞等佛教圣地，可品尝红佛寺素餐，也可到红桥镇绿野

---

① 叶红：《用旅游规划促进文物保护——以宜宾市江安县夕佳山庄园为例》，《古建园林技术》2005 年第 3 期，第 36、42、65~66 页。

山庄品尝特色农家菜等。

图 4-42 夕佳山庄园内部景观

资料来源：笔者拍摄。

三 泸县屈氏庄园

（一）泸县屈氏庄园的基本情况

屈氏庄园位于川东南的泸县方洞镇，地处浅丘平坝，土地资源丰富，农耕稻田环绕，农家宅院星罗棋布，其中以屈氏家族的庄园式宅院群最为瞩目。屈氏先祖于明末入川，经过屈氏后人辛勤经营，到清代已发展为泸县方洞一带首屈一指的名门望族。屈氏家族规模庞大、人口众多，鼎盛时期在泸县方洞、喻寺等地建有大小庄园共 40 余处。方洞镇至今仍保存有石牌坊村屈氏庄园、屈垣子庄园（见图 4-43）和大坝庄园，其中又以屈氏庄园建筑群的保存最为完整、价值最高，并于 2013 年被列为第七批全国重点文物保护单位，石牌坊村也于同年列入第二批中国传统村落名录。屈氏庄园最早由清代任知事的屈应选（号升之）兴建于清嘉庆至道光年间，后经数代人不断营造，日臻完善。到 1912 年，其孙辈屈恒升又历时五年扩建围墙、碉楼、戏台、

佛堂等，庄园的空间格局至此基本定型。整个院落群占地约 30000
平方米，平面布局以传统的四合院为组合特征，坐落于地势平缓的
大片农耕田园之中。庄园坐西南朝东北，正面及两侧均有堰塘和水
田环绕，背面是缓缓升起的土丘，形成依山、面水、靠田的空间格
局。庄园远处又有濑溪河穿流而过，与传统的空间朝向密切契合，
虽无大山大水之势，但仍延续了山水相依的传统布局理念，构筑起
屈氏庄园选址布局的空间特色。

图 4-43　屈垣子庄园

资料来源：笔者拍摄。

（二）泸县屈氏庄园的保护现状

1. 建筑群落的保护：整体保护，功能完备

泸县屈氏庄园的建筑布局严谨，遵循传统的中轴对称原则，这种
设计不仅体现了中国古代建筑美学，也反映了当时社会等级和家族秩
序的观念。庄园的核心区由正厅（见图 4-44）、过厅和堂屋构成，它
们不仅是日常活动的中心，也是展示家族地位和接待宾客的重要场
所。两侧的厢房则用于居住（见图 4-45），厨房和仓储空间则安排在
更私密的位置，满足家庭生活的基本需求。这种功能分区明确、层次

清晰的布局，不仅方便了日常生活，也体现了古代建筑智慧。为了保护这一宝贵的建筑遗产，当地村落的保护工作着重于维护原有的建筑结构和空间布局。专家们对每一栋建筑都进行了细致的勘查，确定了哪些部分需要修复，哪些部分需要加固，以确保其结构稳定和历史风貌的完整性。在修复过程中，尽量使用与原建筑相同的材料和工艺，力求还原最真实的建筑风貌。同时，对一些因年久失修而受损的细节，如雕刻、彩绘等，也进行了精心的复原，使得整个庄园在历经岁月洗礼后仍能展现出昔日的辉煌（见图 4-46）。

图 4-44　屈氏庄园正厅

资料来源：笔者拍摄。

图 4-45　屈氏庄园厢房

资料来源：笔者拍摄。

2. 特色建筑的保护：重点文物，维护修复

屈氏庄园的四座条石砌筑的碉楼是其最显著的特色之一，它们不仅在视觉上成为庄园的标志性建筑（见图 4-47），也承载着防御和瞭望的功能，反映了当时社会环境和建筑技术的特点。东平楼和北极楼保存较为完好，成为研究川南地区庄园建筑风格的珍贵样本。对于遭受破坏的南极楼和西平楼，当地的保护工作采取了谨慎的态度。在南极楼的复原重建中，虽然新旧风格存在细微差异，但这正是遵循了文物保护的可识别性原则——在修复过程中，应让后世能够区分出哪些是原始遗留，哪些是后来修复的。这种做法既尊重了历史的真实性，

图 4-46　屈氏庄园雕刻

资料来源：笔者拍摄。

也体现了对文化遗产负责任的态度。通过科学的修复技术，不仅恢复了碉楼的外观，还确保了其结构的安全，使其能够继续作为屈氏庄园的一部分，向世人讲述过去的故事。因此，泸县屈氏庄园的保护工作不仅注重建筑本身的修复，更强调对建筑群落整体风貌的维护，以及对特色建筑的科学修复，这为我国乃至世界文化遗产保护提供了有益的参考和示范。

图 4-47　屈氏庄园碉楼

资料来源：笔者拍摄。

（三）泸县屈氏庄园的更新现状

1. 建筑功能的更新：功能修复，多元利用

泸县屈氏庄园的保护工作不仅局限于静态的文物保存，更注重文化遗产的活化利用，使之成为连接过去与未来的桥梁。通过对庄园内穿堂过厅、两侧厢房及天井的修复与功能调整，这些原本承载着家族生活记忆的空间被赋予了新的生命。穿堂过厅作为庄园内部的交通枢纽，其修复工作旨在恢复原有的庄重与典雅。修复团队在保留原有结构的基础上，对磨损的木构件进行了替换，对褪色的壁画和雕花进行了精细的复原，力求再现当年的风采（见图 4-48）。同时，考虑到现代游客的需求，过厅被巧妙地转换为展览空间，展示了屈氏家族的历史沿革、庄园的建筑特色以及当地的文化习俗，使游客在欣赏古建筑的同时，也能深入了解其背后的文化内涵。两侧厢房原本是家族成员的生活区域，修复后，部分厢房被改造成小型的专题展厅，如传统服饰展、农耕文化展等，通过实物与多媒体结合的方式，生动地再现了过去的生活场景（见图 4-49）。这种转换不仅让游客有机会近距离接

触传统文化，也促进了文化的传播与发展，增加了文化遗产的社会价值。可以说，泸县屈氏庄园的功能性修复与再利用，不仅成功地保护

图4-48 屈氏庄园雕花

资料来源：笔者拍摄。

图4-49 屈氏庄园专题展厅

资料来源：笔者拍摄。

了这一珍贵的文化遗产，还通过创新的活化策略，使其成为一个集教育、旅游、文化交流于一体的多功能空间。这种综合性的保护理念，不仅提升了文化遗产的社会效益，也为其他地区的文化遗产保护工作提供了宝贵的经验和启示。

2. 政策层面的更新：划定景区，肯定价值

2024 年 5 月 6 日，四川省旅游资源规划开发质量评定委员会发布消息，依照中华人民共和国国家标准《旅游景区质量等级的划分与评定》与《旅游景区质量等级管理办法》，由各市（州）旅资委（景评委）推荐，确定 9 家旅游景区为国家 AAAA 级旅游景区，其中包括泸县屈氏庄园文化旅游景区。这一荣誉的获得，标志着泸县屈氏庄园不仅在历史文化价值上获得了权威认可，也在旅游服务质量、基础设施建设、游客体验等方面达到了国家高标准要求。借此契机，庄园充分利用其独特的文化资源与历史底蕴，采取了一系列举措来增强旅游吸引力，带动整个村落的经济发展。当前，通过旅游带动，泸县屈氏庄园所在的村落也焕发新生，当地居民参与旅游服务、手工艺品销售等活动，实现了文化传承与经济增收的双赢局面。庄园还与周边景点如道林沟等形成联动，推广"泸县一日游"或"川南文化深度游"等旅游线路，拓宽了旅游发展空间，促进了区域文化旅游业的融合发展。

3. 文旅产业的更新：全面修缮，免费开放

泸县方洞镇石牌坊村内的屈氏庄园文化旅游景区，其核心是基于全国重点文物保护单位——屈氏庄园而建的民居建筑群。该庄园始建于清嘉庆至道光年间（1809～1839 年），并在民国初期（1912～1916 年）经历扩建，增设围墙与戏院，形成了今天我们所见的主体结构，坐西南朝东北，尽显清代至民国时期的建筑风貌。在中华人民共和国成立前，它曾遭受土匪和国民党残余势力的占据。直到 1950 年 4 月，

随着中国人民解放军西南部队的进驻与激烈的剿匪战斗，屈氏庄园-小垣子庄园区域成为泸州地区剿匪斗争的标志性地点，这段历史至今仍留有深刻的印记。此后，庄园一度转变用途，作为粮站服务于中华人民共和国初期的粮食储运。进入 20 世纪 70 年代，庄园的一部分被改造为阶级教育展览馆，反映了那个时代的特定历史背景。2013 年，屈氏庄园因其独特的历史价值与文化意义，被国务院正式认定为全国重点文物保护单位，进一步提升了其保护级别与社会认知度。2015 年，庄园经历了全面而细致的修缮，旨在恢复其原有的建筑风貌与文化光彩。2018 年 1 月，屈氏庄园博物馆终于建成并面向公众免费开放，不仅仅作为历史的见证，更成为传承与教育的重要平台，让所有来访者都能够近距离接触并了解这份珍贵的文化遗产。

四　泸州纳溪刘氏庄园

（一）泸州纳溪刘氏庄园的基本情况

刘氏庄园位于泸州市纳溪区护国镇绍坝场口，系晚清地主刘金娃儿（本名刘仲其）的宅第，当地人习惯称之为刘金娃儿大房子。刘氏庄园始建于清宣统元年（1909 年），前后历时约 30 年方才建成。整个宅院占地面积约 3300 平方米，建筑面积 2200 余平方米，采用土木石构筑，建筑群封闭内向，具有川南地区土堡碉楼的典型特色。大院坐落于低矮的浅丘顶上，周围有大片开阔的农田环绕。整体建筑坐西北朝东南，外围以高耸的夯筑土墙房屋围合。其下是高约数米的红砂石条石基础，与自然地形契合；其上是厚约 80 厘米的版筑墙，厚度是普通版筑墙的两倍；墙身上下浑然一体，形成封闭、坚固、厚重的外围防御工事。四角设置夯土碉楼，形成拱卫之势，其厚重的外墙上布满军事防卫用的枪口，具有极佳的瞭望及防卫功能。如今，其中三座碉楼已损毁，仅南侧碉楼保存尚好（见图 4-50）。

图 4-50 泸州纳溪刘氏庄园土堡碉楼

资料来源：笔者拍摄。

（二）泸州纳溪刘氏庄园的保护现状

1. 建筑布局的保护：院落布局，利用地形

泸州纳溪刘氏庄园的保护现状，尤其体现在其精妙绝伦的建筑布局上，充分展现了古代智慧与自然环境的和谐共生。整个宅院巧妙地遵循了传统院落式布局，由内外两重院落构成，这种结构不仅体现了家族生活的私密性与公共空间的区分，还暗含着古代的防御理念。外院巧妙地利用了自然地形的优势，借助高地与周边坡地的地势差，构建了一道由碉楼和高墙组成的天然防线，这不仅增强了宅院的防御能力，还巧妙地将自然景观融入了建筑美学之中。进入外院后，沿着精心设计的弧形石梯拾级而上，便可抵达连接内外院的入口大门（见图 4-51），这一设计不仅增强了进入的仪式感，也进一步提升了宅院的安全系数。内院四周被坚固的土墙楼房环绕，通过错落有致的走道相连接，形成了一个既独立又紧密联系的生活区域。四角的碉楼不仅仅是视觉上的亮点，更是守护家族安全的重要堡垒，它们的存在，让内院成为既适宜居住又具备防御功能的理想之所。中心庭院的设计尤为独特，它不仅为空间提供了充足的采光与通风，还创造了多种用途

的空间，如日常休憩、晾晒衣物、家庭聚会乃至紧急时的军事集结点
（见图4-52），体现了古人对生活与安全需求的深刻理解。刘氏庄园的
这一系列建筑布局，不仅展示了其深厚的历史文化底蕴，也为现代人
提供了一个了解古代生活方式与智慧的宝贵窗口。

图4-51 泸州纳溪刘氏庄园弧形石梯

资料来源：笔者拍摄。

图4-52 泸州纳溪刘氏庄园院落布局鸟瞰图

资料来源：笔者拍摄。

2. 未来的保护方向：持续修缮，政策保护

泸州纳溪刘氏庄园未来的保护方向，首要任务是实施持续性的修缮与维护，确保这一承载着丰富历史文化的建筑群能够抵御时间的侵蚀，保持其原有的风貌与结构安全。一方面，当地村落需要组织专业团队对宅院进行全面的健康状况评估，识别出亟待修复的关键部位，制订科学合理的修缮计划。另一方面，考虑到刘氏庄园的独特历史价值和文化意义，政府相关部门应积极考虑将其列入保护名录，这不仅能够为宅院的保护工作提供法律依据和资金支持，还能提升其在公众心中的认知度，吸引更多社会资源的投入。同时，政策保护也是不可或缺的一环。政府应出台相应的保护政策，明确刘氏庄园的保护范围、保护标准以及相关责任主体，建立健全监管机制，确保各项保护措施得到有效执行。此外，为了增强保护工作的可持续性，可以探索建立多元化的资金筹措机制，比如鼓励私人捐赠、设立专项保护基金、引入社会资本参与保护项目等，形成政府引导、社会参与的保护格局。

（三）泸州纳溪刘氏庄园的更新现状

1. 旅游产业的更新：康旅产业，现代发展

泸州纳溪的刘氏庄园，作为承载着厚重历史文化的川南古民居，不仅仅见证了时代的变迁，更在现代旅游产业发展中焕发新生。在政府的积极推动下，纳溪区充分利用自身丰富的自然资源与深厚的文化底蕴，构建起了一套以健康旅游为核心的现代旅游体系。其中，龙湖水香农康旅产业园的建立，成为这一转型过程中的亮点。该产业园巧妙地融合了现代农业观光、健康养生体验、文化教育以及休闲娱乐等多种功能，为游客提供了全方位、多层次的旅游体验，有效提升了纳溪区的旅游吸引力。纳溪区旅游产业的成功转型与发展，不仅标志着其已经成为西南地区乃至全国范围内的热门旅游目的地，更使其"天府旅游名县""中国最美文化旅游名城"等荣誉实至名归，彰显了纳溪区在旅游品牌建设上的显著成效。这一系列成就的背后，是纳溪区对于"绿色生态、健康生活"理念的坚持与践行，以及对传统与现代、自然与人文和谐共生发展模式的积极探索。通过深度挖掘与活化利用本地特色资源，纳溪区成功打造出了独具魅力的旅游名片，为地方经济的持续增长注入了强劲动力，同时也为我国乡村振兴战略的实施提供了宝贵经验。

2. 白酒产业的更新：茶酒产业，协同发展

纳溪区是中国茶文化和酒文化交汇的宝地。作为"茶的故乡"，纳溪区的茶产业历史悠久，茶叶品质卓越，享有盛誉；而作为"酒的天堂"，这里更是中国浓香型白酒的核心产区之一，与茅台、五粮液共同构成了享誉世界的"中国白酒金三角"。纳溪区的白酒产业，在历史的长河中不断发展壮大，逐渐成为中国白酒行业的一颗璀璨明珠（见图4-53、图4-54）。近年来，纳溪区在茶酒产业的协同发展上迈出了坚实的步伐。通过整合茶文化和酒文化的资源优势，纳溪区成功打造了一条集种植、加工、销售、旅游观光于一体的产业链，实现了

图4-53　泸州市纳溪区丰乐镇老酒厂康庆坊（1）

资料来源：笔者拍摄。

图 4-54 泸州市纳溪区丰乐镇老酒厂康庆坊（2）

资料来源：笔者拍摄。

产业间的相互促进和深度融合。特别是白酒产业，依托其得天独厚的地理条件和精湛的酿酒技艺，纳溪区的白酒企业不断创新产品，提升品质，拓展市场，逐步确立了在国内外浓香型白酒市场的领先地位。

3. 生态产业的更新：全域旅游，乡村振兴

从生态产业的发展来看，纳溪区刘氏庄园以全域旅游战略为核心，展现了一幅乡村振兴与生态文明建设协同推进的生动图景。在这一战略的引领下，当地传统村落巧妙地将自然景观、文化遗产、农业资源与旅游休闲活动融为一体，构建起了一个多层次、立体化的旅游产业体系。乡村旅游的兴起，不仅为当地居民提供了创业就业的新机遇，也使得一批传统村落焕发新生，乡村风貌得以改善，农民收入显著增加，实现了经济效益与社会效益的双丰收。同时，当地的全域旅游战略注重生态保护与绿色发展，倡导低碳环保的旅游方式，推动了村落建设向更加现代化、生态化的方向转变。在规划与建设过程中，其传统村落严格遵循生态优先的原则，注重保护绿水青山，合理开发

利用自然资源，打造了一批生态景区和绿色旅游线路，为游客提供了亲近自然、体验生态的绝佳场所。同时，通过实施一系列生态修复工程，改善了区域生态环境，提升了城市的整体绿化水平和生态质量，为居民创造了更加宜居宜业的生活环境。

第三节　寨堡式传统村落

寨堡作为一种防御性质的村落形态，巧妙利用了自然地形的险要条件进行建设。依据其聚集特性和规模等级，寨堡可细分出几种类型：家寨、家族型寨堡及军事防御型寨堡。家寨设计初衷是抵御匪患侵扰，通常紧邻旧宅而建，选址注重地形的天然屏障，通过加强居住建筑的防护性，形成双轨并行的生活格局。家族型寨堡则是大规模的同宗聚居地，几十户乃至上百户同姓家族共居，集生活与生产于一体，偏好易于防守的山区地形，配备寨墙、碉楼等完备的防御设施，隆昌市云顶寨便是早期移民构建的典例。军事防御型寨堡则是历史长河中为应对外患内乱而生，拥有坚固的寨墙、城门等，专为持久防御设计。当前，在巴蜀地区传统村落的长期建设与发展过程中，寨堡式传统村落逐渐被留存下来。

一　自贡市三多寨

（一）自贡市三多寨的基本情况

三多寨位于自贡市大安区三多寨镇，是川南地区规模最大的军事防御型寨堡（见图 4-55、图 4-56）。清咸丰年间，李蓝起义在川南一带引起骚乱，为求自保，自流井著名盐商李振亨、颜昌英及王克家三大家族斥资修建此寨。三多寨的得名大概因李、颜、王三族合建之功，含有庄子"多福、多寿、多男子"的"三多"之意。寨子始建于清咸丰三年（1853 年），于咸丰九年（1859 年）初具规模，之后又吸引了四川内江、威远、富顺一带的乡绅富户来此定居，寨内大兴土木，良田 400 余亩，人丁兴旺，盛时三多寨的选址布局历经数次变更，最终定于牛口山脉尾部一处地形险要的山顶台地之上，四周悬崖峭壁，周边峰峦叠起，东有松树山、南有茅草山、北有马鞍山、中有应家山，形成南高北低、一冲三岔的浅丘坡地。三多寨高出外围沟谷地形近百米，四周以天然形成的岩溶崖壁作屏障，具有天然的防御优势。同时，结合地形环境围绕寨堡山头修筑环通的寨墙，与陡峭的崖壁连为一体，形成易守难攻的防御壁垒。寨墙就地取材，即山伐石，垒石为墙，墙宽约 3 米，墙高则因地形起伏变化相差较大，平均 10 余米，最高处甚至可达 30 米以上，周长达 4000 多米。相传寨墙之上曾经设有炮楼 20 余座，枪垛 2000 多个，天然防御工事与人工防御工事相结合，极大地提升了三多寨的军事防御能力。

图 4-55　三多寨古宅群

资料来源：笔者拍摄。

图 4-56 三多寨

资料来源：笔者拍摄。

（二）自贡市三多寨的保护现状

1. 原始村寨的保护：全面修缮，持续扩建

寨子的东、南、西、北四面共建有五道寨门，东、南、北各一道，西侧为加强防御则筑有内外双重寨墙，形成类似瓮城的空间格局，并设置内西门和外西门两道寨门。南寨门和北寨门是三多寨的主要通道，尤以南门最为陡险，视野开阔，曾经需要攀爬 400 多级石梯才能抵达寨门。20 世纪 50 年代因修建盘山公路进入寨子，拆除了原有石梯道和南寨门，现有的寨门则为后期重建。为适应现代交通的需求，南寨门已加宽不少，但寨门两侧遗存的寨墙仍可反映出南面壮观的入口环境氛围。东寨门（见图 4-57）和西寨门的尺寸较小，平时关闭，只在收获季节时用于粮食运送才会开启。20 世纪 70 年代为修建西门水库，外西门、北门及部分寨墙也被拆除。加之年久失修、自然风化等原因，西面和北面的寨墙多已坍塌，但地势仍然险要，东面和南面则还保存有较多历史时期的寨墙。历史上三多寨的四方寨门都有石板大路与通往富顺、威远、自贡、内江等地的古道连接，寨子周围还有石板路环绕（见图 4-58），并与各条爬山道路串联起来，形成畅通便

利的交通道路网络。① 可以说，从村寨的保护来看，当地更多的是从村寨的修缮，以及在原本村寨样貌基础上形成的适当扩建。

图 4-57　三多寨东寨门

资料来源：笔者拍摄。

图 4-58　三多寨石板路

资料来源：笔者拍摄。

---

① 刘春、王刘辉、王倩：《自贡三多寨传统村落保护与发展》，《城乡建设》2016年第9期，第82~84页。

2. 住宅院落的保护：基本留存，打造特色

寨内的居民构成随时间演进而增加，继李、颜、王三大姓入驻后，众多来自川南的富裕盐商与士绅家族相继迁入。他们依据个人喜好精心选择地点，建造宅院，遍布寨堡的每一个角落，形成了"雨天行走无须换鞋"的俗语，直接反映了寨内建筑的密集度之高与数量之多。这些宅邸习惯以"堂"为名，据《三多寨镇志》记载，到中华人民共和国成立前，除了上百座无名宅第，寨内还存在超过100个各式各样的"堂"，它们不仅规模宏大，装饰也极为奢华。早期的宅院广泛采用了传统的穿斗结构，是寨中最普遍且占地面积最大的建筑形式，特点在于多进院落和重重堂屋，厅堂内外悬挂着精美的匾额对联，且常伴有精雕细琢的园林，一些大型宅院还配备了戏楼和观戏厢房。比如，位于寨中心的桂馨堂，就是一个三层院落、四重堂的宏伟建筑，深度达数十米，随着阶梯逐级上升，依次布局着大门、三重厅堂、二重厅堂及正堂，两侧环绕着错落有致、相互贯通的小院。院内栽植珍贵树木，前有荷塘垂柳，后有丹桂花园，充分展现了富贵人家的气派。此外，陶淑堂、慎怡堂、思永堂、登禄堂等同样是规模宏大且充满传统木构建筑魅力的宅院代表（见图4-59、图4-60）。

3. 国家层面的保护：政策扶持，全面保护

自1995年起，三多寨因其独特的历史文化价值开始受到官方重视，被正式列为自贡市大安区区级文物保护单位，标志着其保护工作迈出了重要一步。随后，2009年，其保护级别进一步提升，成为自贡市市级重点文物保护对象。到了2013年，三多寨镇更是荣获双重荣誉，不仅被认定为四川省第五批省级历史文化名镇，同时被列入第二批中国传统村落名录，彰显了其在全国历史文化保护体系中的重要地位。2019年，三多寨的荣誉册上再添一笔，被评定为中国第七批历史文化名镇，这无疑是对三多寨深厚历史文化底蕴的再次肯定。在后续

图 4-59 三多寨街市旧景

资料来源：笔者拍摄。

图 4-60 三多寨寨墙更新中

资料来源：笔者拍摄。

的保护工作中，政府需要加大资金投入，同时也需社会各界的共同参
与，力求在保留原貌的基础上恢复三多寨的特色，让区域性的传统村

落得以延续和传承。①

（三）自贡市三多寨的更新现状

1. 村落文化的更新：外来文化，助力更新

进入清末民初，三多寨的建筑风貌在外界文化的渗透下展现出新的活力，逐步融入了西方建筑元素。这一时期，寨中涌现了一批模仿西洋风格的建筑，诸如李敬善堂、刘安怀堂，其中李敬善堂被居民昵称为"屋基坝洋房子"，尤为突出。该建筑由李振亨的后人李敬才于1914 年在寨北高地边缘建造，是一座三层高的显眼西式楼房。历史变迁中，李敬善堂一度扮演过区政府办公场所的角色，后转变为学校使用，遗憾的是，在 20 世纪 80 年代遭遇拆除。此后，寨内的建筑在传统宅第的框架上，纷纷借鉴西式设计进行改造或扩建，诞生了诸多中西风格交融的建筑实例，如退思堂（见图 4-61）等。随着时间的推移，这些中西合璧的建筑样式不仅见证了寨子的变迁，也成为其文化遗产中不可或缺的一部分。

图 4-61　退思堂

资料来源：笔者拍摄。

---

① 刘春、王刘辉、王倩：《城寨型传统村落价值分析与保护发展探索——以自贡三多寨传统村落为例》，《城市住宅》2016 年第 7 期，第 44~47 页。

2. 商业文化的更新：功能多样，街市发展

三多寨规模巨大，除满足军事防卫及生活居住的功能需要外，具有商业文化特征的场镇也相继发展起来。各类集市贸易活动在寨门外的坡地上兴起，先后于南门、北门附近形成以集市贸易为特色的街市（见图4-62、图4-63）。鼎盛时期街市上云集了100多家店铺，各类茶馆、酒馆、书铺、当铺、碾坊、槽房等应有尽有，就连东、西寨门外都发展起柴、米、菜、肉等交易市场。之后东、西、北寨门外的场镇逐渐凋敝，使得集中在南寨门附近的街市更加繁盛。中华人民共和国成立以后相当长一段时间内，三多寨是地方政府机构的驻地，至今仍有赶场等传统的商业活动在这里进行。三多寨丰富多样的人文景观在自然环境的烘托下十分引人注目。历史上寨内外曾有多处庙宇，如寨南始建于明洪武年间的佛子寺，寨北马鞍山下始建于清乾隆时期而后于咸丰年间复建的观音阁，南寨门附近的七星庙、肖家岩佛像等。围绕寨墙还分布了尖山晚照、双塘映月、峻岭横烟、肖岩滴翠、马鞍曙色、仙洞云封、古井泉香、佛寺晓钟"八景"，由此也反映出三多寨曾经的历史人文盛况。此外，三多寨内开挖的100余口水井，以及凿石筑寨后形成的众多堰塘，不仅提供了充足的水源，满足寨内居民的日常生活生产所需，同时也形成了大大小小的景观节点，可谓一举多得。

3. 文旅产业的更新：生态旅游，发展经济

如今，随着文旅产业的发展，自贡市三多寨在村落保护与更新的过程中，也重视生态农业的建设与发展，旨在通过生态旅游的形式来带动产业经济的发展。例如，当地开发了多福生态广场，该生态广场是一家集休闲娱乐、生态农业、乡村美食、花卉观赏、瓜果采摘、垂钓、户外拓展等于一体的现代农业观光园，位于自贡市三多寨旁。这种形式不仅丰富了三多寨的旅游内涵，还促进了当地经济的多元

图 4-62　三多寨街市

资料来源：笔者拍摄。

图 4-63　三多寨寨墙更新

资料来源：笔者拍摄。

化发展。多福生态广场通过整合自然资源与文化优势，为游客提供
了亲近自然、体验农耕文化的平台，使得乡村旅游不再是单一的观
光行为，而是转变为一种集教育、休闲、体验于一体的综合性旅游
产品。

二　自贡市大安寨

（一）自贡市大安寨的基本情况

大安寨位于自贡市大安区，由自贡最大的盐号"王三畏堂"掌门
人王余照于清咸丰十年（1860 年）主持修建。寨堡地处起伏连绵的丘
陵山地，坐落在南北走向的山顶台地之上，占地面积达 200 多亩。椭圆
形的山头东西宽 300 余米，南北长 500 余米，寨堡南面和西面地形陡峭
险要，与山下的浅丘坝子高差 100 余米，需爬 500 多步阶梯才能登至山
顶寨门。东面山头的久安寨大致与大安寨同时修建，成为大安寨东面山
地的第一道防御屏障。通过险峻的地形优势与人工构筑的防御工事相结
合，大安寨成为防卫性强的山地寨堡村落（见图 4-64、图 4-65）。

图 4-64　大安寨

资料来源：笔者拍摄。

图 4-65　大安寨寨门

资料来源：笔者拍摄。

（二）自贡市大安寨的保护现状

1. 寨堡结构的保护：保留原始，强化研究

寨堡结构的保护不仅仅是对物质文化遗产的维护，更是对历史记忆的传承。自贡市大安寨的寨堡结构，包括寨墙、炮台和寨门，构成了一个完整且复杂的防御系统，它们的存在不仅仅是军事防御的体现，更是古代社会政治、经济、文化和技术发展的见证。因此其保护工作则更多遵循"最小干预"和"可逆性"原则，尽可能保留寨堡的原始风貌和历史信息。对于受损严重的部分，该村落采用传统材料和工艺进行修复，确保修复后的结构与原有建筑风格相协调，避免"新旧混搭"的突兀感。在保护的同时，还应注重寨堡环境的整体维护，如清理周边杂草、树木，防止根系破坏结构；定期检查寨墙和炮台的稳定性，及时修补裂缝，防止雨水渗透导致的进一步损坏。这种保护

策略不仅有助于保留历史的真实性，还能够促进学术研究的深入，增强社会对传统文化遗产的尊重和认知。

2. 传统宅院的保护：保持风格，修复布局

自贡市大安寨的传统宅院保护工作，不仅仅是对历史建筑的物质维护，更是对地方文化记忆的守护与传承。北侧台地上的宅院，如达生堂（见图4-66）、义门堂、有余堂等，不仅仅承载着明清至民国时期盐商阶层的生活印记，更是研究当时社会结构、经济状况和建筑艺术的宝贵实物资料。这些宅院的保护，不仅仅是对单一建筑物的修复，更是对整个生活方式、审美情趣和社会价值观的复原。为了保持宅院的原始风格，当地的修复工作遵循了"修旧如旧"的原则，采用与原建筑相匹配的材料和工艺，确保修复后的宅院与历史风貌相协调，最大限度地还原其历史真实性。例如，在修复达生堂时，工匠们精心挑选与原有木材相似纹理和色泽的材料，使用传统榫卯结构，重现了宅院的古朴韵味。对于有余堂的修复，则着重于恢复其内部装饰，如木雕、彩绘和石刻，力求每一个细节都能体现出盐商宅院的奢华与精致。

图4-66　古道环绕的大安寨达生堂

资料来源：笔者拍摄。

在布局的修复上，保护团队依据历史文献和实地调研，精确复原了宅院的空间结构和功能分区，如中轴线上的主厅、两侧的厢房、后花园以及附属建筑等，每一处布局都力求符合历史时期的建筑规范和使用习惯。通过对宅院内部流线的优化调整，不仅再现了昔日盐商家族的日常生活场景，也为现代游客提供了沉浸式的历史文化体验。

（三）自贡市大安寨的更新现状

1. 建筑群落的更新：持续修缮，特色审美

大安寨作为自贡市的文化瑰宝，其历史价值不仅仅体现在作为盐商寨堡的物质遗存上，更在于其生动展示了清代至民国期间盐业经济繁荣背景下，盐商们的生活方式、建筑审美以及对居住环境的精心规划。寨堡依托自然地形而建，巧妙利用台地的高低差异，构建出既便于防御又富有层次感的居住空间，形成了独特的地域文化景观。四合院建筑群不仅遵循传统风水理念，还融入盐商特有的商业智慧与审美追求，每一座宅院都承载着丰富的家族故事和商业传奇，是研究盐业历史与地方社会结构的宝贵资料。尽管面临城镇化进程中传统建筑被拆和自然侵蚀的挑战，但是大安寨的保护意识正在增强，尤其是围绕"天心窝"区域的幸存宅院成为保护工作的重点。这些历史建筑被视作连接过去与未来的桥梁，其也在当代社会的传承与发展过程中不断修缮更新。

2. 村落更新的挑战：双重危机，亟须解决

在快速的社会变迁中，大安寨面临着保护与更新的双重挑战。20世纪80年代以来，随着城镇化进程加速，部分传统宅院因建设需要被拆除，加之自然侵蚀，寨堡的部分历史痕迹正逐渐消失。尽管如此，围绕"天心窝"区域幸存的宅院如同历史的见证者，它们的存在提醒着人们保护传统文化遗产的紧迫性。而且大安寨是目前自贡市保存较完整的盐商寨堡，虽然寨墙、寨门等基础防卫设施已残缺不全，但山寨的自然空间形态还保存完整。南侧的爬山坡道已改作车道，道路两

旁绿树茂密成荫；北侧还有石板古道遗迹；东侧的久安寨遗址也保持与大安寨和谐的自然形态空间格局。存在较大的问题是村落因大多数住户已搬迁而荒芜。虽然这些建筑已列为自贡市优秀传统建筑，但破损现象严重，腐朽尤为突出，待抢救性保护规划与修复设计的展开和实施。可以说，如何在尊重历史原貌的基础上进行合理更新，既维护古寨的风貌，又满足现代生活的需要，成为当前亟须解决的问题。

3. 村落文化的更新：影视拍摄，传承文化

2024年3月时长100分钟的话剧《大安寨》，从1944年富荣盐场"牛王会"祭祀的前一天发生在自贡市大安寨里的故事讲起。通过盐商家族"王三畏堂"三代人，对"上山还是下山""办学还是献金"等问题，以及隐藏在这些冲突背后，对民族未来不同态度的刻画，展现了从辛亥革命到抗日战争后期，中国知识分子在每一次历史关头的抉择。话剧《大安寨》的上演，不仅是一次文化艺术的展现，也是利用文化资源促进地方发展的尝试。通过艺术形式讲述大安寨的历史故事，提升了公众对该地区历史文化的认识和兴趣，为大安寨作为文化旅游目的地的潜力开发奠定了文化基础。

三 隆昌市云顶寨

（一）隆昌市云顶寨的基本情况

云顶寨，坐落于四川省内江市隆昌市南部的云顶山上，其地理位置独特，位于隆昌、富顺、泸县的交界地带。这座历史悠久的寨堡是湖北麻城郭氏家族自明朝洪武年间迁徙至此后，历经数代繁衍发展而成的地方望族象征。至清朝咸丰九年（1859年），在郭人镛、郭光瀚父子的主持下，为应对外部威胁，特别是李蓝起义的影响，开始修建用于防御的家族寨堡，距今已逾160年。寨堡的建设深受前代经验影响，特别是在四川地区早先因"白莲教之乱"而兴起的大量寨堡建造

活动中，选址与布局策略尤为成熟。云顶寨的建立严格遵循了选址的两大基本原则：既要地势险峻易于防守，也要有足够的生存和发展空间。云顶山凭借其约 500 米海拔、东南陡峭西北平缓的有利地形，以及山顶的广阔平地和充足的水源，完美符合了这些条件。特别是北面峡谷形成的天然通道，不仅是交通要冲，也是战略防御的关键点。寨堡的防御工事精妙绝伦，寨墙长达 1600 米，占地约 240 亩，宽达 3 米，巧妙利用自然地形，形成难以攻克的屏障。墙体外侧顺应山势，高度变化多端，最高处可达十几米（见图 4-67），内部设计则便于通行与防御，配置了炮台、垛口及配套的军事设施，确保了全方位的安全防护。寨门设置考虑周全，主寨门通永门位于西侧，便于控制家族田地，采用坚固的拱券结构和双重门设计，强化防御能力；东侧的日升门与北面的月恒门及隐蔽的小北门，则提供了额外的进出通道和战略疏散功能，展现了古代建筑智慧与自然环境的和谐共生。

图 4-67 云顶寨墙体

资料来源：笔者拍摄。

（二）隆昌市云顶寨的保护现状

1. 居住宅院的保护：晚清风貌，原生态格局

隆昌市云顶寨，以其独特的地理位置和深厚的文化底蕴，成为研究清代四川乡村社会与建筑艺术的珍贵样本。2014 年云顶镇被国家正式授予第六批中国历史文化名镇的荣誉，随后在 2016 年云峰村也被列入第四批中国传统村落名录（见图 4-68），标志着云顶寨的历史价值得到了国家级别的认可与保护。寨内，10 余处古朴的院落组群留存，大夫第、凉山馆、竹林屋基等，每一处都是明清建筑风格的生动体现，它们不仅仅保存了晚清时期的风貌，更原生态地展现了清代四川村落的空间环境与文化特色。这里的建筑布局巧妙地融合了自然地貌，大多面向西或西北，顺应地形的等高线展开，形成了既开阔又层次分明的居住空间。寨墙虽历经风雨，但仍大部分保存完好，其中通永门（见图 4-69）和小北门更是寨门中的佼佼者，彰显了古代工匠的智慧与技艺。然而，时间的流逝与自然的侵蚀也让部分寨门受损，提醒着人们保护工作的重要性。面对这样的现状，如何在尊重历史原貌的基础上，合理制定保护措施，让这份珍贵的文化遗产得以延续，成为当前亟待解决的问题。

图 4-68 云顶寨云峰村

资料来源：笔者拍摄。

图 4-69　云顶寨通永门

资料来源：笔者拍摄。

2. 传统习俗的保护：云顶鬼市，延续传统

云顶寨西面寨墙外，出通永门向南有 2 米宽的石板路可通往云顶场，距云顶寨仅数十米远，早期原是附近乡民向寨内住户出售农副产品的集市贸易场地。清代末期郭氏家族获准在此修建场镇，云顶场由此渐成规模。场镇由一条主街发展延伸形成"丁字形"的空间布局，正街平行于云顶寨主入口，与寨内交通联系紧密（见图 4-70）。沿街店铺基本上是郭氏族人或远亲近戚所建，反映出清代四川场镇建设的特点。这种由一个家族独立建设或几个家族联合建设的现象在清代四川场镇中较为普遍，也是传统场镇风格风貌能够和谐统一的缘由之一。建成后的云顶场商业繁盛，茶馆、酒馆、钱庄、百货铺、药铺、纸火铺、猪羊屠宰市场等一应俱全，而且形成了三、六、九的场期规律。云顶场昔日的赶场活动一般在夜间进行，每逢场期，周边乡民天色未亮就打着灯笼、火把来此赶集，天亮之后纷纷散场，白天又成为宁静的空巷，因此有"云顶鬼市"之说，使云顶场笼罩上神秘的环境氛围。在多年的传承与发展过程中，至今云顶场仍保留着早市习俗，

既神秘又奇特，农历三、六、九逢场日期，凌晨云顶场上灯火通明，买卖交易热闹非常。

图 4-70　云顶寨云顶场

资料来源：笔者拍摄。

（三）隆昌市云顶寨的更新现状

1. 村落文化的更新：郭氏文化，全面研究

在深化文化保护与传承的背景下，隆昌市云顶寨的更新现状展现了一幅积极进取的图景，尤其在加强云顶郭氏文化研究方面取得了显著进展。2024 年 5 月，四川省社会科学院历史研究所副研究员苏东来及其团队与隆昌市委党史地方志研究室携手，开展了一项具有深远意义的专题调研活动。这次合作不仅仅是一次学术探索，更是对隆昌本土文化深度挖掘与创新发展的有力推动。调研活动以严谨的学术态度，从小处着手，意在揭示隆昌文化的宏观面貌。研究团队细致地对云顶寨区域内尚存的古老石碑进行了全面的解读与考究，这一过程犹如打开了一扇扇历史之窗。其中，一项重要发现是关于郭氏家族捐资修建寺庙的历史记录，这一发现不仅丰富了郭氏家族的公益活动史，也为研究当地宗教文化、社会经济以及家族与社区关系提供了宝贵的

一手资料。为了更全面地收集和整理郭氏文化遗存，研究团队的脚步遍及云顶镇的正觉寺、凤林村、金墨湾社区以及云峰村等多个地点，展开了对散落古碑的紧急抢救性解译工作。这些古碑不仅仅是石头上的历史，更是郭氏家族乃至整个隆昌地区社会变迁的见证。尤为重要的是，在金墨湾社区郭氏后人的协助下，研究团队有幸获得了珍稀的郭氏族谱及相关历史文献，这些资料如同时间的钥匙，解锁了郭氏家族繁衍发展的脉络，揭示了其深厚的文化底蕴与优秀的家风家训。基于上述研究成果，我国的专家学者们正着手进一步深入分析郭氏族谱、碑铭等文献资料，以此为核心，系统梳理郭氏家族的起源、发展轨迹及其对隆昌乃至更广泛区域社会文化的影响。这一系列研究不仅仅对保护与开发云顶寨项目具有直接的指导意义，更为还原古隆昌的社会风貌与风土人情提供了坚实的学术支撑，旨在促进传统文化的创造性转化、创新性发展，让历史的智慧与精神在现代社会焕发出新的活力。

2. 文旅产业的更新：特色旅游，乡土体验

在隆昌市云顶寨的更新现状中，文旅产业的蓬勃发展正成为推动当地村落更新与乡村振兴的重要力量。云顶镇，作为一座承载着厚重历史文化底蕴的名镇，同时也是中国特色景观旅游的亮点，其文旅产业的发展策略不仅限于云顶寨这一标志性景点（见图4-71、图4-72），更是全方位、多维度地拓展，旨在打造一个集历史文化体验、自然风光欣赏、休闲娱乐于一体的综合性旅游目的地。云顶鬼市，作为一项富有特色的地方文化活动，以其独特的夜间集市形态吸引了众多游客与文化爱好者的兴趣。鬼市通常在夜间开放，售卖的商品五花八门，从古董旧货到手工艺品，再到地道的乡土美食，每一样都透露出浓厚的地方特色和历史痕迹，让游客在淘宝的同时，也能深切感受到隆昌的传统市井文化与生活气息。赛鸽活动则是云顶镇结合自然风光与人文情怀推出的另一项旅游亮点。在蓝天白云下，成群的和平鸽展翅飞翔，不仅为游客带来视觉上的享受，也成为寓意和平与美好的象征，促进了人与自然的和谐共生，增强了游客的参与感与体验感。这种体验不仅促进了生态旅游的发展，还提升了游客的环境保护意识，鼓励人们在享受自然之美的同时，更加珍惜和保护这份来之不易的自然资源。

图 4-71　云顶寨实景（1）

资料来源：笔者拍摄。

图 4-72　云顶寨实景（2）

资料来源：笔者拍摄。

因此，云顶镇通过这些多元化、富有创意的文旅项目，不仅丰富了游客的旅游体验，也带动了当地经济的转型升级，实现了村落的有机更新，为乡村振兴战略的实施提供了生动的实践案例。通过文化传承与创新发展并举，云顶镇正逐步成为展示隆昌乃至四川文化魅力的新窗口，吸引着越来越多的国内外游客前来探索与体验。

四　武胜县宝箴塞

（一）武胜县宝箴塞的基本情况

宝箴塞位于广安市武胜县宝箴塞镇方家沟村，是由段氏家族修建的防御性寨堡。段氏家族系清康熙年间随着"湖广填四川"移民浪潮由湖南迁入四川的移民，自清康熙三十六年（1697 年）起陆续定居四川的定远（今武胜县）一带，嘉庆年间逐渐繁荣起来成为一方名门望族，至民国时期发展空前。武胜地区的寨堡兴起于清嘉庆时期的"白莲教之乱"，而大规模的修建则主要聚集在清咸丰至同治年间。民国时期武胜县被大小军阀轮番控制，各路军阀厮杀混战，人民难以安居乐业，遂纷纷筑寨以求自保。

（二）武胜县宝箴塞的保护现状

1. 各地村寨的保护：尚存遗址，保存完好

据 1930 年《新修武胜县志》记载，县属各乡有碉楼 238 座、寨堡 241 座，其中段氏家族所建最多。宝箴塞即是段氏家族在社会动荡之时修筑而成的，与之同时期兴建的还有周边大大小小的 20 多个寨堡，共同组成段氏家族的寨堡村落群。如今多数寨堡已毁，有的尚存遗址，仅宝箴塞保存相对完好，对研究四川清代至民国时期的防卫型村落具有很高的历史文化价值。2006 年，宝箴塞被列为第六批全国重点文物保护单位。现存的宝箴塞村落群由段家大院、护院碉楼和山顶的宝箴塞三大部分组成，三组建筑呈相互依存的关系。可以说，自

宝箴塞被列为全国重点文物保护单位以来，其保护工作得到了显著加强。地方政府投入了大量的资金和人力资源，对宝箴塞进行了系统的修复和维护，力求在保留原有风貌的同时，提升其安全性和观赏性。

2. 院落的保护：留存特色，后期规划

段家大院，作为段氏家族世代居住的宅院（见图 4-73、图 4-74），与宝箴塞寨堡紧密相连，二者在空间布局上形成了独特的防御与生活并重的格局。大院坐落于宝箴塞东北侧，背靠山峦，面向开阔的冬水田，巧妙地利用地形优势，创造出一个既安全又宜居的生活环境。东南角的条石碉楼高达近 20 米，不仅是段家大院的标志性建筑，也是整个寨堡村落群的瞭望哨，彰显了其防御功能的重要性。在保护与规划方面，段家大院的策略着重于"留存特色，后期规划"。这不仅意味着对现有建筑结构和环境特征的精心维护，确保其历史风貌得以完整保存，同时也涉及对未来的前瞻规划，以适应现代社会的需求。具体而言，保护工作包括对条石碉楼等历史建筑的精细修复，采用传统材料和工艺，力求还原其初始状态；同时，对周边环境进行适度整治，强化其自然美景与人文景观的和谐共生。东西寨堡的构建时间跨度长达 20 余年，但两者的空间形态却展现出惊人的和谐统一，这得益于古代匠师对建筑材料、构筑技术和空间布局的巧妙运用。特别是连接东西寨之间的戏楼，以其独特的建筑形态，既与周围的院落形成鲜明对比，又巧妙地促进不同空间的有机融合，成为展现古代建筑设计智慧的典范。在后续的规划中，这一区域将被重点保护和利用，作为展示中国传统建筑艺术与环境美学的活教材。

图 4-73　段家大院戏台

资料来源：笔者拍摄。

图 4-74　段家大院厅堂

资料来源：笔者拍摄。

（三）武胜县宝箴塞的更新现状

1. 文旅产业的更新：旅游景区，产业升级

宝箴塞是四川省规模最大、保存最完整的寨堡建筑，被古建筑学家称为"全国罕有·蜀中一绝"（见图 4-75）。当前，在武胜县宝箴塞的更新与发展过程中，当地主要通过文旅产业的建设与发展来开发

区域旅游，从而实现村落的更新与发展。例如，武胜县宝箴塞已经成为当地的 AAAA 级旅游景区。可以说，宝箴塞充分利用自身独特的文化遗产资源，包括恢宏的寨堡建筑、错落有致的庭院布局、精巧的防御工事等，打造了一处集观光、体验、学习于一体的综合性旅游目的地。

图 4-75　宝箴塞简介

资料来源：笔者拍摄。

2. 民居空间的更新：多元功能，强化互动

由于宝箴塞至今保存完好，塞内厅堂、房廊气势恢宏，仓库、池井部署齐全，总体呈七天井、四院落布局，有大小房屋百余间，环形炮楼长达 2000 余米。宝箴塞地处浅丘地貌之高隘处，易守难攻，塞墙上守护者可沿墙体环绕通行，机动作战，甚至还设计有暗哨，便于观察。分段城堞上除垛堞之外，根据控制点开辟了射击孔，其密集程度及大小、形状亦因射击目标不同而各异。塞墙顶采用传统的木构屋顶封闭，既可挡风避雨，又可隐蔽作战人员，木构屋架与塞内建筑连为一体，形成独特的防御作战网络。房屋设计有小姐、佣工、家丁等住房，伙房、库房、仓房、绣楼、戏楼等和水井、水池、厕所、地下通道等附属生活设施。对此，在后期的建设与发展过程中，当地也逐渐依托功能布局来实现村落更新，更全面地为村落注入一定的生机与活力。

第五章　巴蜀地区传统村落保护
与更新的经验与挑战

在中华大地的西南腹地，巴蜀地区以其悠久的历史、独特的地理环境和丰富的文化遗产而著称，其中传统村落作为活态的文化遗产，承载着深厚的历史记忆与地域特色。随着现代化进程的加速，如何在保护与发展中找到平衡点，让这些传统村落既能保留其历史韵味，又能焕发新的生机，成为一项复杂而紧迫的任务。本章旨在探讨巴蜀地区在传统村落保护与更新方面的实践经验与面临的挑战，通过多维度的分析，揭示这一过程中取得的宝贵经验与亟待解决的问题。

第一节　巴蜀地区传统村落保护与更新的经验

一　巴蜀地区传统村落保护的经验

（一）理念先行：尊重自然历史

在巴蜀地区传统村落的保护过程中，其最为核心的原则与理念便是尊重原本的布局结构与历史发展，从而在尊重自然的基础上进行整个村落的更新与发展。比如亚者造祖村位于四川省绵阳市平武县白马藏族乡西北部，距离乡政府约20公里。东临九寨沟，西接王朗自然保护区，南与黄龙接壤，北与厄哩村相连，处于绵阳至九寨沟线路上，位于大九寨国际旅游区内。亚者造祖村四面环山，夺补河流经全境，村落基本沿夺补河分布，自北向南依次是刀切加、色腊路、详述加、色如加、扒昔加5个寨子。在布局方面，整个村子总体呈寨群集合体，基本没有单独存在的房屋，多数房屋根据地势条件围合而建，布局紧凑，形成院落式或天井式的平面形式。土墙杉板房是白马藏族的传统民居类型代表，但在亚者造祖村，现在主要是土墙青瓦木构楼或青瓦木构楼，依山势而建，错落有致。可以说，从当前巴蜀地区传统村落的保护与更新来看，整合村庄规划布局首先基于一个核心理念：尊重自然与历史。这意味着在规划之初，村落的管理人员须深入调研村落的历史沿革、地形地貌、生态环境及文化特色，确保规划方案既能保护好古村落的原始风貌，又能顺应自然规律，减少人为干预对环境的影响，在此基础上既方便游客体验，又不破坏原有的生态和视觉美感。

（二）空间优化：活化闲置资源

在巴蜀地区传统村落保护的实践中，空间优化策略是不可或缺的一环，其核心在于有效活化闲置资源，以创新方式赋予传统空间新的生命与功能。这一策略不仅解决了村落空心化与资源浪费的问题，还促进了当地经济与文化的双重复兴。比如在三多寨村，从村落空间布局来看，三多寨的军事寨堡功能鲜明，周长4000多米、高约10米的石寨墙今天依旧存在。三多寨修筑之初，李、颜、王三家先在寨内占据吉地营造府宅。随着战事的吃紧，周边地区的盐商及乡绅陆续来此寨定居，逐渐形成了"集中连片，相生相连"的100多处建筑，从南门到北门约1000米长的石板大路旁是气派的公馆、雅致的庭园和连排相接的门面店铺，屋宇毗连，楼房林立。因此，在传统村落的规划与更新过程中，则更多需要进行整个村落的空间布局规划，并且在此基础上实现整个村落内部空间的高效利用与活化。许多传统村落中存在大量的闲置老屋、废弃场地，这些空间往往蕴含着较大的改造潜力。通过将其改造成民宿、艺术工作室、手工艺品展示馆等，不仅能为村落带来经济收益，还能丰富村落的文化内涵，提升其吸引力。例如四川的平乐古镇，通过引入社会资本参与老旧建筑改造，将一些破旧的院落变成了文化创意空间，既激活了经济，又保留了传统韵味。

（三）生态修复：塑造特色景观

在巴蜀地区传统村落保护的广泛实践中，生态修复作为一项重要策略，旨在恢复并强化村落及其周边自然环境的生态功能，同时巧妙地将生态元素融入村落景观之中，塑造具有地域特色的生态文化景观。这一做法不仅提升了村落的居住环境质量，还极大地增强了其旅游吸引力和文化辨识度。一方面，生态修复在较大程度上采用一种自然为本的修复理念。生态修复遵循"自然为本"的原则，强调在尊重自然生态系统的基础上进行干预。这意味着要对受损的水系、植被、地形进行科学修复，比如通过恢复河流的自然流向来改善水质，种植本土树种和植被以增加生物多样性，以及修复因过度开发而受损的山体和湿地。巴蜀地区的村落多依山傍水，通过生态手段恢复这些自然资源，既保护了生态环境，也为村落增添了更多自然野趣和生态美感。另一方面，生态修复能够在较大程度上实现与文化景观的融合构建。在生态修复过程中，巴蜀地区传统村落尤为注重将自然生态与地方文化相结合，创造出既有生态价值又有文化意义的独特景观。比如，利用当地的石材、竹材等自然材料修建步道、观景台，既减少了对环境的影响，又展现了巴蜀地区传统的建筑智慧和审美趣味。同时，围绕古树名木、特色植被等自然遗产，设计文化解说系统和生态教育路径，让游客在欣赏美景的同时，也能深入了解当地的历史文化背景和生态知识。因此，巴蜀地区在传统村落保护中实施的生态修复策略，通过自然恢复、文化融合、社区参与及持续管理等多维度努力，不仅有效改善了村落的生态环境，还塑造了一系列富有地域特色的生态文化景观，为乡村振兴和生态文明建设提供了宝贵的经验。

（四）政策落实：加强保护利用

随着对传统村落保护意识的增强，中国现已构建起全球范围内规模最大、内容最为丰富、保存状态最好并且仍在活态传承的农耕文明遗产保护体系。据中国经济网统计，全国已有 8155 个村落被列入保护名录并实行挂牌保护，超过 53.9 万栋历史建筑与传统民居得到有效保护，同时，4789 项省级及以上非物质文化遗产得到传承与发扬。这一系列成就的背后，离不开国家和地方政府在政策法规上的有力支撑。住房和城乡建设部发布的《传统村落保护利用可复制经验清单（第一批）》（简称《清单》）中指出，多地已采取关键措施强化保护机制。比如为防范四川省传统村落遭到破坏、无序开发，避免历史文化遗产成为"文化遗憾"，地方政府应立法保护和科学发展传统村落。2020 年 11 月 26 日，四川省第十三届人民代表大会常务委员会第二十三次会议表决通过了《四川省传统村落保护条例》，该条例从 2021 年 3 月 1 日起正式施行。此外，《清单》还概述了保护利用方式的创新实践，诸如活化利用传统建筑和传统民居、完善基础设施和公共服务设施、发展文化旅游等特色产业。例如四川省阿坝藏族羌族自治州九寨沟县就有中查村、大城村、大寨村、苗州村、下草地村、大录村、东北村列入中国传统村落名录，形成了与旅游产业良性互动的传统村落保护区。巴蜀地区传统村落保护，应该在政府主导下，整合资源，推进传统村落保护区建设。而建立传统村落保护区，对于那些具备一定历史文化资源，却没有列入中国传统村落名录的村落的保护，具有很好的推动作用。

（五）文化传承：注重文化弘扬

在传统村落的保护工作中，如何有效传承与弘扬蕴含其中的优秀传统文化，特别是非物质文化遗产，是至关重要的补充课题。针对这一议题，住房和城乡建设部在《清单》中提出了三项关键策略，即传承发展非物质文化遗产、加强宣传推广，以及推动数字建设，以期达到文化活态传承与广泛传播的目标。在此过程中，我国对传统村落的保护不仅仅是针对村落建筑的保护，同时更重要的是对村落中长期形成的地域文化进行弘扬，也就是实现非物质文化遗产的当代传承。比如四川省甘孜藏族自治州利用短视频直播等新兴媒体，扩大了传统村落的影响力，并通过拍摄村落专题纪录片，让更多人通过电视屏幕了解这些宝贵的文化遗产。同时，四川省甘孜藏族自治州与山西省晋城市、陕西省渭南市均致力于构建数字博物馆与数据库平台，利用虚拟现实（VR）、三维实景等现代技术，不仅在线上重现了传统村落的风貌，还实现了线上与线下互动，拓宽了文化传播渠道，让公众能够跨越时空限制，直观感受传统村落的魅力。可以说，通过非物质文化遗产的传承实践、创新宣传方式以及数字化技术的应用，各地正积极探索和实施多元化的策略，以更好地传承和弘扬传统村落中的优秀传统文化。

二　巴蜀地区传统村落更新的经验

（一）政府引导：多元社会参与

在巴蜀地区传统村落更新的实践中，政府与社会力量的协同合作是推动保护工作顺利进行的核心策略。政府层面，四川省及相关地市积极响应中央号召，出台了一系列旨在保护传统村落的地方性法规和政策，如四川省内多个地区颁布的传统村落保护发展条例，这些条例不仅明确了各级政府、相关部门在村落保护中的职责和义务，还设定了一系列具体的保护措施和激励机制，为传统村落的保护提供了法律保障和方向指引。同时，政府还通过设立专项基金、提供税收优惠和技术支持等措施，鼓励和支持社会各界参与传统村落的保护与更新，不仅包括直接的资金补助，还有对传统建筑修缮、文化传承项目、生态修复工程等的政策倾斜，从而有效调动了社会资源，拓宽了保护资金的来源渠道。同时，在社会参与方面，巴蜀地区积极动员和引导村落居民、非政府组织（NGOs）、学术机构、企业以及志愿者等多元主体共同参与。村落居民作为村落的直接利益相关者，其参与尤为重要，通过建立村民自治组织、开展传统工艺培训、参与旅游接待服务等形式，不仅能提升居民的归属感和文化自豪感，还可以增强村民保护家园的主动性与能力。非政府组织和学术机构则在村落的调查研究、文化挖掘、环境监测等方面发挥着不可替代的作用，为村落保护提供专业支持和建议。企业，尤其是旅游、文创企业，通过投资开发乡村旅游、手工艺品销售等项目，既促进了村落经济发展，也为村落保护提供了资金支持。此外，多方协作机制的建立，如政府与企业的 PPP 合作模式、社区与非政府组织的联合行动等，有效提升了政府的政策引导力、激发了社会的创新活力与民众的参与热情，形成了政府引导、社会参与、居民受益的良性循环，共同推动了巴蜀地区传统村落的保护与更新工作，实现了保护与发展的双赢局面。

（二）绿色优先：重视生态产业

在传统村落更新的实践中，巴蜀地区尤为重视生态环境的保护与绿色生态产业的培育，力求在促进经济增长的同时，保持自然环境的原真性和生态系统的完整性。这一策略的核心在于，通过科学规划和创新实践，实现经济发展与环境保护的和谐共生。首先，巴蜀地区在村落修复和新建项目中大力推广绿色建筑理念，倡导使用本地可再生资源和环保材料，如竹材、石材等，不仅减少了运输成本和碳排放，还保留了村落的地域特色和文化韵味。在建筑设计与施工过程中，遵循节能、节水的原则，采用自然通风、采光等绿色技术，确保建筑与自然环境的和谐共融。其次，生态旅游成为推动传统村落可持续发展的重要引擎。巴蜀地区充分利用其丰富的自然资源和独特的民族文化，开发了一系列低碳环保的旅游产品，如生态徒步、观鸟摄影、农事体验等，吸引了众多寻求自然与文化体验的游客。通过生态旅游，村民们能够在保护家乡绿水青山的同时，获得稳定的经济收入，实现"靠山吃山，靠水吃水"的绿色转型。再次，绿色农业的兴起为传统村落的经济多元化发展提供了新途径。巴蜀地区鼓励村民利用传统农耕智慧，结合现代农业技术，发展有机种植、生态养殖等，既保护了土地资源，又提高了农产品的品质和市场竞争力。例如，种植特色水果、有机蔬菜，养殖生态鱼虾等，通过品牌化运营，将这些绿色农产品推向更广阔的市场，为农民增收开辟了新渠道。最后，巴蜀地区还积极探索生态补偿机制和绿色金融支持，为生态产业的发展提供政策和资金保障。通过建立生态公益林补偿、水源地保护补偿等制度，激励村民参与生态保护。同时，引入绿色信贷、生态基金等金融工具，为绿色项目的实施提供资金支持，降低绿色产业发展的门槛和风险。

（三）数字应用：开展信息建设

在巴蜀地区传统村落的保护与更新中，数字化与信息化建设成为连接过去与未来的重要桥梁，该策略主要通过现代科技的力量，不仅有效地记录和保存了村落的物质与非物质文化遗产，还极大地提升了保护工作的效率与影响力。其中，数字化记录是保护工作的第一步。巴蜀地区利用三维激光扫描、无人机航拍、地理信息系统（GIS）等技术手段，对传统村落的地理环境、建筑结构、文物古迹进行高精度的数字化采集，构建起详尽的数字档案，这些数据不仅有助于科研人员进行深入研究，也能为后续的修复与维护工作提供准确的数据支持。其次，建立传统村落数字博物馆和数据库是信息时代文化传承的重要方式。在巴蜀地区的传统村落建设中，虽然诸多村落并未实现数字化信息技术的全面覆盖，但是也有一些村落在建设与更新的过程中，通过数字博物馆的形式来展现村落文化，从而为公众提供独特的感官体验。此外，信息化平台的建设还促进了传统村落保护的科学管理和高效传播。特别是一些村落在建设与更新过程中，也逐渐通过数字化技术的应用来提升村落的信息化水平。

（四）产业升级：文物活化利用

对于巴蜀地区传统村落的建设与发展而言，其产业更新与发展能够在较大程度上通过多种形式来实现文物活化与产业升级，从而在市场空间中更好地实现产业升级，以此来带动传统村落产业经济的建设与发展。当前，巴蜀地区注重对古建筑的保护性修复，采用传统工艺与现代技术相结合的方式，既保留了古建筑的历史风貌，又赋予了其新的功能。例如，将闲置的古宅改造成特色民宿、文化艺术工作室、小型博物馆或文化展览馆，既保存了建筑本身的历史价值，又为游客和当地居民提供了体验传统文化的新场所。在此基础上，巴蜀地区依托村落丰富的非物质文化遗产资源，如手工艺、戏剧、民间音乐等，发展文化产业成为促进村落经济转型的重要途径。通过建立手工艺品工坊、民俗表演团体、文化体验基地等，不仅传承和展示了传统技艺，还为当地居民创造了就业机会，提升了村里的经济收入。同时，鼓励村民参与文化产品的创新与开发，如设计具有地方特色的旅游纪念品、手工艺品，通过电商平台拓宽销售渠道，实现了传统文化的创造性转化、创新性发展。而且巴蜀地区利用其得天独厚的自然风光和深厚的文化底蕴，推动休闲旅游产业的高质量发展。通过策划主题旅游线路、举办文化节庆活动、发展生态农业观光等，将传统村落打造成集文化体验、生态休闲、乡村旅游于一体的综合旅游目的地。这种模式不仅吸引了大量游客，带动了餐饮、住宿等相关服务业的发展，还促进了乡村经济的多元化，提高了村民的生活水平。另外，在活化利用与产业升级的过程中，巴蜀地区还注重产业链的延伸与融合发展。例如，围绕传统村落的特色农产品，发展绿色生态农业，结合乡村旅游推出农产品采摘、农事体验等活动，不仅丰富了旅游产品，也促进了农产品的增值销售，形成了三次产业融合发展的良好态势。通过这些策略的实施，巴蜀地区的传统村落不仅仅在物理形态上得到了有效保护，更在功能和经济上获得了新生，实现了文化传承、经济发展与社会进步的多赢局面。

（五）明确规划：分步实施保护

巴蜀地区在传统村落更新中，深刻认识到长远规划与分步实施的重要性，这是确保村落保护与发展的科学性和可持续性的关键。其策略要求在尊重村落历史与文化的基础上，结合经济社会发展趋势，制定全面、细致、前瞻性的规划，并通过分阶段、有步骤地实施，逐步实现村落的保护、更新与复兴。首先，巴蜀地区传统村落的保护与更新过程中，往往是基于科学规划来进行的，特别是在启动任何村落更新项目之前，都会组织专家团队进行深入调研，全面评估村落的历史文化价值、自然环境状况、经济发展水平及居民生活需求。在此基础上，编制综合保护与发展规划，明确村落保护的核心区域、重点对象，设定长期发展目标与短期行动计划。规划内容涵盖建筑修复、基础设施改善、产业布局、生态保护、社区参与等多个方面，确保各项保护与发展措施的协调一致。其次，考虑到资源有限及实施难度，巴蜀地区采用分阶段、渐进式的实施策略。初期优先处理村落中最紧迫的问题，如危房改造、基础设施升级、环境卫生整治等，确保村落的基本安全与居民生活质量；随后逐步推进历史文化建筑的修复、公共空间的美化、特色文化活动的举办等，提升村落的文化吸引力。最后，根据村落资源特色，发展适宜的产业，如生态农业、乡村旅游、文化创意等，促进经济的多元化发展。在实施过程中，巴蜀地区强调规划的灵活性与适应性，建立定期评估与反馈机制。通过监测实施效果，及时调整规划内容和实施步骤，确保规划目标与实际情况相匹配。同时，重视居民的意见反馈，通过社区会议、问卷调查等方式，让居民参与规划调整，保障更新过程的公开透明与提升民众满意度。

（六）更新原则：生活与旅游并重

在巴蜀地区，传统村落承载着丰富的历史文化与自然风光，成为众多旅游爱好者探寻的目的地。为了实现生活与旅游并重的目标，功能分区的策略需细致入微，既要维持本地居民的日常生活质量，又要提升游客的旅行体验，确保可持续发展。因此，从巴蜀地区传统村落的更新来看，其更新过程中坚持的便是生活与旅游并重的理念。首先，对于居民生活区的优化，重点在于强化基础设施建设和提升公共服务水平，包括重新规划住宅区，确保房屋布局既符合现代生活需求，又保留传统建筑风貌，让村民在享受现代化便利的同时，也能感受到深厚的文化底蕴。其次，巴蜀地区在旅游功能区的规划上，应深入挖掘村落的历史故事、民俗风情和自然资源，设计出既能展现地方特色，又能引导游客深度体验的游览路线。比如，通过设置主题步行道，连接古镇的历史遗迹、手工艺作坊、特色民宿等，每处节点配置详细的解说牌，介绍背后的文化意义或历史故事，增加游览的教育性和趣味性。这种模式鼓励了村民参与旅游发展，增强了他们对传统文化保护的意识，形成了生活与旅游相辅相成的良好生态。

第二节　巴蜀地区传统村落保护与更新的挑战

一　区域之间村落的重视保护程度差异大

巴蜀地区作为中国西南部历史悠久、文化丰富的区域，拥有众多各具特色的传统村落。这些村落不仅是当地居民生活的真实写照，也是巴蜀地区文化多样性和历史深度的重要载体。然而，在推进传统村落保护与更新的过程中，不同区域之间的重视程度和保护效果存在显著差异，这一差异使得当前各个区域之间对传统村落的重视保护程度不一，也使得区域之间传统村落的更新与发展水平均存在一定的差异。

（一）经济发展水平不均衡

巴蜀地区的经济发展水平不均衡现象，是深刻影响当地传统村落保护工作格局的一个重要因素。这一不均衡不仅体现在城乡之间，还体现在不同地理区域之间，尤其是成都平原与偏远山区之间的显著对比。成都平原作为巴蜀地区的经济心脏地带，得益于其悠久的历史底蕴、优越的地理位置及现代化进程的加速，经济发展水平远超周边地区，无论是资金、技术还是产业升级与融合，成都平原均领先于其他地区。相比之下，巴蜀地区的偏远山区则面临着较大困境，特别是经济发展滞后，财政紧张，难以拨出足够的资金用于传统村落的日常维护和修缮，许多有价值的古建筑因缺乏必要的维护而逐渐衰败。而且经济欠发达地区往往难以留住人才，尤其是具备专业知识的文化遗产保护人员和技术工人，这直接限制了保护工作的专业性和有效性。

（二）保护意识与能力差异

偏远地区教育资源的匮乏直接影响了当地居民对传统文化遗产价值的认知。缺乏系统的历史文化教育，村民可能无法充分理解村落的历史意义与文化内涵，难以认识到传统建筑不仅仅是居住的空间，更是承载着地方历史记忆与民族精神的宝贵财富。这种认知上的空白，降低了他们参与保护行动的积极性和主动性。与此同时，信息传播渠道的不畅进一步加剧了保护意识的薄弱。在互联网时代，尽管信息资源丰富，但偏远地区的网络覆盖不足、获取信息的工具和技能有限，导致村民们对外界关于文化遗产保护的知识、成功案例及国家相关政策了解甚少。信息的闭塞限制了村民们的思想视野，使村民在面对传统村落保护问题时，往往缺乏有效的解决方案和创新思路，更易沿袭不当的改造方式，无意间对古迹造成破坏。由于上述原因，偏远地区居民在保护传统村落方面往往显得力不从心，没有形成自下而上的保护意识和机制。村民们即便有心保护，也可能因为缺乏正确的知识指导和实际操作技能，而无法采取有效措施。加之经济条件限制，村民们即使意识到某些做法可能对古建筑有害，也难以承担采取正确保护措施所需的费用。在保护意识与能力缺失的情况下，一些传统建筑遭受了不应有的改造甚至拆除。这些不当行为不仅仅破坏了建筑的原始风貌，更可能损毁了蕴含其中的历史信息和文化价值，使得村落失去其独特性和历史连续性，长远来看，将给地方文化的传承和旅游业的可持续发展带来负面影响。

（三）自然与人为双重压力

在巴蜀地区，尤其是偏远而脆弱的传统村落，它们不仅要应对经济发展不平衡所衍生的间接压力，还不得不直面来自自然环境的严峻考验和人类活动的直接威胁，这些因素共同构成了对村落遗产的双重压力，加剧了文化遗产的损失与消失。一方面，当地地形地貌复杂多样，自然环境虽赋予了这里独特的风光，却也使其成为自然灾害频发的区域。地震，作为该地区最为人所知的自然灾害之一，以其突发性和破坏力对古建筑构成极大威胁，许多历史悠久的木质结构和石砌建筑在强烈地震中受损严重，甚至倒塌。此外，季风气候带来的洪水也是不容小觑的威胁，雨季时河流水位上涨，不仅直接冲刷侵蚀着河岸旁的古村，还可能导致山体滑坡和泥石流，对依山傍水的村落造成毁灭性打击。另一方面，在经济开发与城镇化进程中，无序和过度的建设活动成为一大"人为灾难"。为了追求短期经济利益，一些地区不顾长远规划，盲目进行旅游开发、矿产开采或是房地产开发，这不仅占用了大量土地资源，破坏了原有的生态环境，还直接导致了传统村落空间结构的破坏和文化景观的消失。古建筑被随意改建或拆除，以迎合商业需求，失去了原有的历史风貌和文化韵味，村落的整体和谐与历史真实性遭到严重损害。可以说，自然与人为因素的叠加，使得本就处于边缘地位的传统村落遗产变得更加脆弱。自然灾害的不可预测性和人类活动的短视性，共同压缩了这些村落及其文化遗产的生存空间。因此缺乏有效的预防措施和合理的规划管理，使得每一次灾难都可能成为文化遗产保护的一次重大挫折，甚至造成无法挽回的损失。

综上，巴蜀地区传统村落保护与更新面临的挑战，核心在于如何缩小区域间的发展差距，提升全社会的文化自觉，加强政策的统一性和执行力，以及激发更多社会力量的参与。这需要各级政府、社会各界的共同努力，通过科学规划、精准施策，确保每一处传统村落都能得到应有的尊重与保护，让巴蜀地区的文化瑰宝得以传承与发展。

二 保护原始空间与更新设计开发之间的矛盾

在巴蜀地区传统村落保护与更新的实践中，保护原始空间与更新设计开发之间的矛盾是一个复杂且紧迫的问题。具体而言，二者之间的矛盾主要体现在以下几个方面。

（一）历史价值与现代功能需求的冲突

传统村落，不仅是巴蜀地区乃至中华大地丰富多彩的历史文化与地域特色活生生的见证，而且其内部的原始空间布局、蕴含深厚文化底蕴的建筑风格以及代代相传的手工艺，共同构成了不可多得的文化遗产群落，亟待我们以敬畏之心进行精心保护与传承。然而，科技的进步与生活方式的变迁，特别是人口结构与需求的显著变化，给这些传统村落带来了前所未有的挑战。曾经适应古代生活节奏与生产方式的空间布局与功能性设施，在现代社会显得日益捉襟见肘，难以满足居民对于便捷、舒适、高效现代生活的向往。教育、医疗、通信、交通等基础设施的缺失或落后，以及对休闲娱乐、文化旅游等新需求的响应不足，使得村落原有的居住与生产功能显得格格不入，需要适度的改造与功能升级。因此，如何在保护与传承村落历史文化价值的同时，巧妙地融入现代生活设施与服务，实现传统与现代的和谐共生，便成为摆在我们面前的一大难题，也是对规划者、设计师及社区管理者智慧与责任感的重大考验。

（二）旅游开发与居民生活平衡的难题

在当代社会，随着文化旅游的兴起，众多蕴藏着丰富历史文化遗产的传统村落成为热门的旅游目的地。这些村落以其古朴的建筑风格、独特的民俗风情和未被现代都市喧嚣侵扰的自然环境，吸引了国内外众多游客的目光。旅游开发无疑为这些地区带来了前所未有的经济机遇，不仅促进了当地基础设施的改善，增加了就业机会，还使得一些濒临消失的手工艺和传统文化活动得以复兴，为村落的活化与可持续发展注入了新的活力。然而，伴随着旅游热潮而来的问题同样不容忽视。过度的商业化往往会使这些传统村落失去原有的淳朴风貌，商店、餐馆和旅馆的无序扩张可能会破坏古建筑的完整性和村落的传统格局。此外，大量游客的涌入不仅会给当地环境带来压力，如垃圾增多、水资源紧张等环境问题，还会严重影响原有居民的日常生活节奏和文化传承。居民可能因噪声污染、隐私侵犯以及生活成本上升等问题感到困扰，原本宁静和谐的生活环境被打破，甚至可能导致社区凝聚力的削弱和本土文化的淡化。因此，如何在推动旅游经济发展的同时，维护好村落的自然生态和人文景观，确保居民生活质量不受负面影响，成为一个亟待解决的难题。

（三）建筑设计与原生态融合存在困境

建筑设计与原生态的融合，是一个涉及技术革新、艺术创造、文化尊重和社会参与的综合过程。它要求设计师具备高度的责任感、创造力和同理心，通过精心构思与细致操作，创造出既能满足现代生活需求，又尊重历史、融入环境、富有生命力的建筑作品，从而促进历史文脉的延续与城市空间的和谐发展。在快速城市化和现代化的浪潮中，建筑设计面临着一项复杂而精细的任务：在保留和尊重历史文脉的基础上，创新设计出既满足现代生活需求，又与周围环境和谐共生的建筑作品。这一挑战尤其体现在那些富含历史文化价值的区域，如古城、古镇或传统村落的更新设计中。设计师不仅要考虑建筑的功能性、安全性与舒适度，还要深入挖掘和理解地域文化的深层内涵，力求使新建筑成为连接过去与未来的桥梁，而不是突兀的外来者。

因此，解决上述矛盾，需要政府、设计者、开发者、社区居民及社会各界的共同努力，通过建立科学的规划体系、制定灵活且具有前瞻性的政策、鼓励社区参与和利益共享、加强专业培训和技术支持等多方面措施，以实现传统村落保护与更新的和谐共生。

三 保护的先决条件不足，缺少长远规划

对于巴蜀地区传统村落的保护与更新而言，其不仅需要保留原本的自然文化资源，还需要在传承与发展的过程中注入一定的时代元素，从而在市场环境中更好地进行文化传承与建设。而在此过程中，传统村落的发展则需要在一些先决条件的基础上制定村落规划，以此来实现村落的可持续发展。但是先决条件的缺失，在较大程度上使得传统村落的发展面临瓶颈。

（一）传统村落基础研究与资料缺失

传统村落作为中华民族宝贵的文化遗产，承载着丰富的历史记忆、独特的地域文化和多样的生活方式。其保护与传承工作不仅仅是对过去的一种致敬，更是对未来文化多样性维护的责任体现。在巴蜀

地区传统村落的保护工作面临的一个首要挑战便是基础研究与资料的缺失。历史上，许多村落因地理位置偏远、交通不便，加之地方志编纂不全，导致大量有关村落形成、发展、兴衰的直接史料未能有效保存下来，使得后人在追溯村落历史沿革时困难重重。而且长期以来，针对传统村落的综合性、系统性研究相对较少，这不仅包括对其物质文化遗产如古建筑、古迹的考察，也涉及非物质文化遗产如习俗、节日、民间艺术等的记录与研究。缺乏这样的系统性研究，使得当代社会难以全面把握村落文化的独特价值。另外，随着现代化进程的加速，许多传统村落的社会结构和经济模式发生了深刻变化，一些传统文化习俗逐渐淡化甚至消失。这种快速的社会转型进一步加大了资料收集与研究的难度。由于上述原因，巴蜀地区众多传统村落的基础资料缺失，直接导致了在制定保护措施时缺乏科学性和针对性。没有充分的前期研究作为支撑，保护工作往往只能停留在表面，难以触及村落保护的核心需求，更无法实现对村落文化基因的有效传承与创新性发展。

（二）长远规划缺失与短期行为盛行

在当下的社会发展进程中，传统村落保护面临着一个显著而紧迫的问题：长远规划的缺失与短期经济利益驱动的行为盛行。这一现象在不少地区表现得尤为突出。传统村落作为民族历史与文化记忆的宝贵载体，其保护工作本应是一项系统性、前瞻性的工程，旨在维持村落的自然生态、文化生态平衡，并确保其可持续发展。然而，实际情况却是，经济利益的诱惑常常超越了对文化传承与环境保护的考量，导致了一系列不良后果。这种以短期经济收益为目标的开发模式，通常忽略了对村落进行全面深入的研究与评估，未能科学规划其未来发展方向。在缺乏长远规划的情况下，盲目追求经济效益极易引发资源的过度开采和无序建设，比如大量传统建筑被不加甄别地改造甚至拆除，以适应旅游观光等商业需求；自然环境因基础设施建设或工业活动而遭受破坏，生态平衡被打破。随之而来的是，村落原有的文化风貌渐行渐远，地方特色与民俗文化在商业化大潮中逐渐模糊，甚至消失殆尽，这对于文化多样性的保护和人类文明的连续性构成了严重威胁。要扭转这一局面，我国须从根本上改变现有的思维模式和行动导向，重视并加强传统村落保护的长远规划。

（三）保护成本与经济效益的考量

在传统村落保护与更新的实践中，资金与经济效益的合理平衡是一大核心议题。高质量的保护工作不仅涵盖对古建筑的修缮维护，还包括环境的综合整治与基础设施的现代化升级，这些无疑都需要庞大的资金支持。但遗憾的是，巴蜀地区不少传统村落因经济条件限制，难以独自承担如此规模的财务负担。与此同时，部分更新项目过于侧重短期的经济效益产出，未能充分考量文化传承与社会影响的长远价值，这无疑偏离了可持续发展的初衷。更为棘手的是，除资金短缺之外，技术与专业人才的缺乏亦是制约保护工作推进的关键因素。传统村落保护是一项高度专业化的工作，它不仅需要对古建筑修复有深入了解的技术人员，还依赖于先进的技术手段来确保修缮作业的精确与高效。但现实情况是，多数村落因地方财政紧张和技术人才库的稀缺，保护工程往往从一开始就举步维艰，基本的维护工作尚且难以到位，更不必说采用先进科技进行科学修复了。这直接导致了众多珍贵历史遗产在岁月侵蚀下加速老化，甚至濒临消失。因此，寻求资金与效益的合理配置，以及加强技术与人才的支持，成为传统村落保护工作亟待解决的双重挑战。

（四）政策法规与实施操作的矛盾

在传统村落保护领域，现存的政策法规体系暴露出的一个关键问题在于原则性条款较多，而具体实施的指导性和操作性规范不足，这直接引发了保护实践中的界定模糊与执行困境。政策法规的框架虽已初步构建，国家及地方政府均已颁布多项文化遗产保护的相关法律条文，意在为传统村落的保护工作提供法律基石和宏观指导。然而，当这些顶层设计理念落实到具体村落的保护实践中时，却往往显得力不从心。具体而言，保护政策与细则的缺失或针对性不强，使得地方管理者在平衡保护与开发的过程中难以找到精准的"度"。一方面，原则性的规定留给执行层面过大的解释空间，不同的理解与操作方式可能导致保护措施的不一致，甚至背离保护初衷；另一方面，缺乏具体、细致的操作指南，使得在面对复杂多变的村落保护情境时，难以找到标准化、规范化的解决方案，保护工作容易陷入无章可循的境地。此外，地方执行力度的不均衡加剧了这一矛盾。不同地区的经济发展水平、文化认知及行政执行力存在差异，导致即便是相同的法律法规，在不同地方的实施效果大相径庭。有的地区可能因过度谨慎而错失发展机遇，有的则可能因监管不力而放任过度商业化开发，两者都偏离了保护与发展的平衡点。

四 传统村落更新偏网红风格，缺乏文化特色

在巴蜀地区传统村落的更新过程中，一个不容忽视的问题是，部分项目过于追求短期的吸引力和网络热度，导致更新内容和形式偏重打造"网红效应"，而忽略了对村落固有文化特色的挖掘与传承，这一现象对于传统村落的长远发展构成了潜在威胁。

（一）传统村落的风格同质化严重

在当今旅游经济的浪潮中，巴蜀地区部分传统村落为了在激烈的市场竞争中迅速脱颖而出，获取游客的关注与青睐，纷纷采取了一种看似快捷却后患无穷的发展策略——盲目追求"网红效应"，大量引入市场上广受欢迎但普遍雷同的元素。这种现象体现在村落更新改造的多个方面：从建设夺人眼球的大型现代装置艺术，到布局风格相似、

缺乏创意的咖啡厅和民宿，无一不是试图通过复制他人成功模式来快速吸引流量。然而，这种急于求成的改造方式，却在不经意间抹杀了村落独一无二的地域文化、真实的历史故事与丰富多彩的民俗传统。[①]巴蜀大地，自古以来便是多元文化的交融之地，每一个村落都有其独特的历史脉络、风土人情和建筑风格，这些都是无法复制也无法替代的。当这些村落放弃对本土文化的深度挖掘和展示，转而追求表面上的时尚与新潮时，实际上是在逐渐丧失自身的灵魂与特色。同质化改造的直接后果是，这些村落之间的差异性日益缩小，曾经各具风情的传统村落变得面目雷同，失去了辨识度，游客的体验也趋于单一乏味。长此以往，这些做法不仅仅会削弱村落的旅游吸引力，更会破坏其内在的文化生态，影响村落的可持续发展能力。

（二）传统村落的文化内涵浅表化

在快节奏的现代旅游趋势下，一些传统村落为了迅速吸引游客，过分追求成为"网红打卡地"，这种倾向直接导致了文化内涵的浅表化现象日益严重。在这一过程中，村落的文化展示往往被简化为一系列便于拍照分享的场景布置，诸如绚丽的装饰、夸张的雕塑或者标语式的文化符号，而真正体现村落精神实质和历史深度的内容却被边缘化，甚至完全忽略。这样的做法，虽能在短时间内聚集人气，但从长远来看，却极大地削弱了村落文化的内在价值与生命力。文化内涵的浅表化，不仅仅体现在外在形式的过度包装上，更反映在游客体验的单一化上。游客的到访往往局限于寻找标志性景观进行拍照打卡，这种快餐式旅行模式使得大多数人仅仅浮光掠影地接触到村落的皮毛，而无法沉浸其中去细细品味村落独有的历史故事、风俗习惯、传统技艺等深层次的文化韵味。这种浅尝辄止的体验，不仅限制了游客对村

---

① 林智泉、徐珏、刘志宏：《基于同质化困境的江南古镇数字化保护与更新思路——以木渎古镇为例》，《中外建筑》2024 年第 9 期，第 68~73 页。

落丰富文化内涵的感知与理解，也极大地削弱了旅游活动的文化传播和教育功能，使得一次本可以成为心灵洗礼与知识增长的旅程，变成了简单的视觉消费。为了扭转这一局面，传统村落的保护与开发应当回归文化本质，注重文化内涵的深度挖掘与立体展现。

（三）传统村落的居民逐渐被边缘化

在部分传统村落向"网红化"转型的进程中，一个不容忽视的隐患是当地居民参与度的明显不足。这种趋势不仅仅体现在更新项目的决策过程中，原有居民的声音和需求经常被边缘化，更反映在改造成果与社区实际需求的脱节上。改造方案往往由外部开发者主导，追求即时的视觉冲击与市场热点，却忽视了村落自身的历史积淀、文化传承与居民的真实愿望，导致改造后的村落虽然短期内可能因新奇而吸引关注，但长期来看，缺乏社区认同与文化根基的支撑，难以维系其生命力与吸引力。居民的边缘化，不仅影响了改造项目的文化真实性与社会包容性，还潜在地侵蚀了社区的凝聚力与文化自信心。村落的更新不应仅仅是物理空间的翻新，更应是社区精神与文化价值的再激活。当居民被排除在决策过程之外时，改造项目便难以捕捉到村落的精髓，最终形成的是一种缺乏灵魂的"伪文化"展示，难以触动人心，更谈不上持久的经济和社会效益。"网红效应"的短暂性更是加剧了这一问题。随着新鲜感的消退，那些单纯追求"网红效应"而忽视内在文化价值的村落，很容易遭遇游客兴趣的快速转移，进而面临游客量骤减、商业活动萧条的困境。这种只重表面、轻视内涵的发展模式，最终将对村落的经济自给自足和社会结构稳定产生负面影响，导致一种恶性循环：越是依赖短暂的"网红"光环，村落的真实价值与可持续发展能力就越被削弱。

五 位置因素使得村落旅游经济尚不发达

巴蜀地区的传统村落分布广泛，其中不少村落位于偏远山区或交通不便的地带，地理位置的特殊性成为制约村落旅游经济发展的关键因素之一。

（一）传统村落的交通可达性较差

巴蜀地区，以其雄奇的山川地貌和深厚的历史文化底蕴而闻名，众多传统村落如同遗珠般镶嵌在这片神奇的土地上。然而，这些村落大多坐落于偏远山区，地形复杂，交通基础设施建设面临着天然的挑战。许多村落通往外界的道路不仅狭窄曲折，而且年久失修，路面状况不佳，雨季时更易发生塌方、滑坡等自然灾害，严重影响通行安全与效率。更有甚者，部分村落至今仍未通达公路，几乎与外界隔绝，仅依靠古老的小道与外界相连，这无疑为外界的探访设置了极大的障碍。

而交通可达性的不足，直接制约了村落的旅游发展潜力。一方面，不便的交通条件大大增加了游客的到达难度，延长了旅行时间，提高了出行成本，使得许多潜在游客望而却步，尤其对于时间有限的现代都市人来说，不便的交通成为选择旅游目的地时的重要考量因素。另一方面，交通不便也限制了物资运输和人员交流，影响了村落的基本生活保障和经济活动的扩展，不利于当地居民生活质量的提升及特色产业的发展。此外，交通问题还间接影响了村落的对外宣传与文化交流。信息闭塞、物流不畅，使得外界难以全面了解村落的独特魅力，村落内部丰富的文化资源和农产品也无法有效输出，错失了通过旅游带动经济和文化传播的良机。

（二）传统村落的服务设施与人才不足

传统村落作为文化旅游的宝贵资源，其发展潜力巨大，但现实中，由于地理位置偏远和初期游客量有限，资金投入往往捉襟见肘，直接导致了服务设施的滞后。许多村落中，游客最为关切的基本需求如住宿、餐饮服务以及公共卫生设施等，或是数量不足，或是条件简陋，无法达到游客期待的标准，这无疑构成了旅游体验的一大短板，严重制约了村落旅游经济的进一步拓展。游客因设施不完善而产生的不满，通过口碑传播，反过来又影响了村落的吸引力，形成了一个负面循环。更深层次的挑战还在于人才的缺乏。偏远的地理位置增加了人才引进的难度，高素质的旅游管理和服务人才往往倾向于选择工作条件更优、发展空间更大的城市地区。而村落内部，由于教育资源有限，居民接受专业培训的机会较少，难以培养出具备现代旅游管理理念和服务技能的人才队伍。这种人才短缺不仅影响了旅游服务质量的提升，也限制了村落旅游业的创新与转型升级，难以适应市场需求的多样化与个性化趋势。因此，解决服务设施不足和人才短缺的问题，成为传统村落实现旅游经济可持续发展的当务之急。

六 公众认知偏差以及文化传承流失挑战

（一）更新设计与当代社会贴近性不强

从传统村落的更新设计而言，其村落的更新需要契合当代社会的发展需求，从而在市场环境中获得一定的竞争力，而如今的传统村落设计也面临着与当代社会贴近性不强的问题。首先，更新设计的慢节奏主要源于复杂的决策过程与资源调配。传统村落保护是一项系统工程，涉及历史、文化、建筑、生态等多个领域的专业知识，需要跨学科团队的深入调研与细致规划。这一过程中，从方案构思到最终实施，常因资金筹集、流程审批、利益协调等现实因素拖延时间，导致更新项目难以及时响应村落保护与发展的迫切需求，影响保护工作的时效性。其次，更新设计与当代社会的贴近性不强，也主要是由于未能充分考虑到现代社会的功能需求和审美偏好。传统村落若要焕发生机，必须在保留其历史风貌的基础上，融入现代生活功能，如改善居住条件、增设公共设施、优化交通网络等，使之既能满足原有居民的实际生活需要，又能吸引现代游客的兴趣。然而，部分更新设计过于侧重外观的复古还原，忽视了对现代生活便利性和舒适性的考虑，导致更新后的村落与当代社会生活脱节，难以形成持续的吸引力和生命力。此外，缺乏对未来趋势的预见性也是问题之一。随着科技进步和社会变迁，人们对于旅游体验、文化消费有着更高的期待。更新设计若不能前瞻性地融合智能科技、绿色环保、健康生活等现代理念，将难以适应未来市场的发展需求，错失提升村落综合竞争力的良机。

（二）公众认知缺失与参与不足

面对巴蜀地区传统村落保护与更新的困境，公众认知缺失与参与不足是一个不容忽视的社会文化层面因素，它从根源上影响着保护工作的有效推进和村落可持续发展的实现。首先，公众对传统村落价值的认知普遍有待提升。随着现代化进程的加速，许多居民对传统村落的历史意义、文化价值和生态智慧认识不够深入，往往将它们视为落后的生活方式的象征，而非珍贵的文化遗产。这种认知偏差导致社会整体对村落保护的重视程度不高，缺乏主动保护意识，甚至在某些情况下，村民自己也可能成为破坏传统风貌和文化习俗的参与者。其次，尽管《历史文化名城名镇名村保护条例》等政策鼓励公众参与，但在实际操作中，巴蜀地区传统村落的保护与更新项目往往缺乏有效的公众参与机制。一方面，信息透明度不高，村民及其他利益相关者对保护规划、进展及决策过程了解有限，难以形成有效的意见表达和反馈渠道；另一方面，参与途径单一，多停留在咨询、听证等初级阶段，真正意义上的共同决策与合作较少，导致公众参与流于形式，难以充分调动社会各界的积极性和创造性。此外，文化教育的普及力度不够也是造成公众认知缺失的重要原因。学校教育中关于乡土文化、历史传承的内容偏少，社会教育和媒体宣传同样缺乏对传统村落价值的深度挖掘和广泛传播，导致年青一代对本土文化的认同感和归属感减弱，进一步加剧保护意识的淡漠。最后，缺乏有效的激励机制和正面引导也是公众参与不足的原因之一。对于积极参与村落保护的个人或团体，缺乏物质奖励和精神表彰，未能形成正向激励效应。同时，对于如何将传统村落的保护与当地社区发展、民生改善相结合，探索出既有利于文化遗产保护又能带动地方经济发展、提升民众生活质量的路径，缺乏系统的思考和实践。

（三）文化传承与人口流失挑战

巴蜀地区传统村落保护与更新的困境，除了资金短缺、政策法规体系不完善、公众认知缺失与参与不足之外，还面临着文化传承与人口流失的严峻挑战，这两者互为因果，共同构成了一个复杂的社会文化生态系统问题。当前，巴蜀地区的传统村落蕴含着丰富的非物质文化遗产，如民间手工艺、地方戏曲、民俗活动等。然而，随着老一辈艺人的逐渐减少，加之年青一代更多选择外出务工，这些技艺和文化知识的传承链出现了断裂。缺乏有效的传承机制和激励措施，导致许多独特的文化表现形式濒临失传。特别是在如今全球化和现代化的浪潮下，外来文化和生活方式的涌入，使得村落原有的文化特色和生活习俗受到冲击。电视、互联网等现代传媒工具的普及，使年轻人更倾向于接受流行文化，从而减少了对本土传统文化的兴趣和认同，加剧了文化同质化的趋势。另外，由于城市与农村之间的发展差距，农村劳动力大量向城市迁移，以寻求更好的就业机会和生活质量。这导致传统村落人口老龄化严重，劳动力短缺，进一步限制了村落自我发展和保护的能力。随着青壮年人口的外迁，许多村落出现了空心化，即村落中常住人口锐减，房屋空置，社会结构和社区功能受到影响。这不仅影响了村落的日常维护和管理，也使得传统文化的日常实践和节日庆典等活动难以维持，进一步加速了文化传承的危机。可以说，文化传承的困境与人口流失相互作用，形成一个循环。人口的减少导致传统文化的实践者和受众减少，反过来又会降低村落的文化吸引力，进一步加剧人口外流。同时，缺乏足够的人力和文化氛围支撑，村落的保护与更新工作也难以有效开展，使得村落的文化遗产和自然景观面临更大的威胁。

第六章 巴蜀地区传统村落保护与更新的发展对策

在历史的发展中，巴蜀地区以其独特的地理环境和深厚的文化底蕴孕育了众多传统村落，这些传统村落不仅仅是地域文化的活化石，更是中华民族宝贵的文化遗产。随着社会经济的快速发展，如何在现代化进程中有效保护并合理更新这些传统村落，使之既能保留历史韵味，又能焕发新的生机，成为一个亟待解决的时代课题。第六章旨在探讨巴蜀地区传统村落保护与更新的发展对策，通过综合分析该地区的实际情况，提出一系列既尊重自然生态又促进文化传承的策略，力求在快速变迁的世界中找到一条可持续发展的路径，以此来确保村落的历史风貌和文化基因得以延续。

第一节 巴蜀地区传统村落保护与更新的核心理念与基本原则

一 巴蜀地区传统村落保护与更新的核心理念

（一）以优化自然生态环境为前提

巴蜀地区传统村落保护与更新的核心理念，首先，应深刻理解并践行"以优化自然生态环境为前提"的原则。这一理念根植于对人地关系动态演化的深刻认知中,强调在尊重自然、顺应自然的基础上进行村落的保护与更新。传统村落作为人与自然长期相互作用、和谐共生的产物,其独特的地理分布、空间布局及文化特征无一不映射出人与自然环境之间复杂而微妙的交互历史。因此,在面对这些珍贵的文化遗产时,传统村落的保护与更新策略必须优先考虑如何维护和提升村落所处的自然生态环境,确保这种自然-人文的平衡状态得以延续。例如,通过科学规划村落周边的水系、林地和农田,既能保持其原有的生态风貌,又能有效提升生态质量,为村落的可持续发展提供绿色基底。其次,这种理念的实践还应鼓励社区参与和加强生态教育,提高居民对自然环境保护的意识与责任感,形成人与自然和谐共存的生活方式。最后,将这一核心理念应用于不同尺度的村落研究与实践中,意味着传统村落的保护与更新过程需要建立跨学科的合作机制,结合地理学、生态学、建筑学和社会学等多领域的知识,综合评估村落与更广阔地理环境间的相互作用,从而制定出既能保护自然生态,又能促进地方文化传承和社会经济发展的策略。

(二) 以耦合集中连片主题为基础

巴蜀地区因其独特的地理环境与悠久的历史文化,孕育了众多风格各异却又内在关联的传统村落。这些村落不是孤立的存在,它们往往沿特定的自然地形如河流、山脉分布,或因历史上的商贸路线、家族迁徙路径而形成集中连片的格局,彼此间存在着紧密的文化纽带和相似的生活习俗。基于此,"耦合集中连片主题"的理念倡导在保护与更新过程中,不应孤立地看待单个村落,而应将其视为更大区域文化景观中的有机组成部分,注重村落之间的空间整合与文化主题的相互呼应。① 这意

---

① 熊家林:《吉水:传统村落"活态"传承,集中连片保护利用》,《新华每日讯》2024 年 5 月 27 日,第 7 版。

味着在规划与实施保护措施时，要综合考虑村落集群的整体风貌，通过修复连接各村落的古道、桥梁、水利设施等，强化地域文化特色，恢复和展示传统村落间的自然生态走廊和文化传承轴线，促进区域文化旅游资源的协同发展。此外，该理念还鼓励根据各村落的特点，提炼并突出各自的主题，如农耕文化、手工艺传承、民俗节庆等，同时确保这些主题能够在相邻村落间形成互补与联动，共同讲述一个更加完整、丰富的地方故事。通过这种方式，不仅能够增强村落的文化辨识度，吸引游客深入体验，还能激发当地居民的文化自豪感和参与保护的热情，实现文化遗产的社会价值与经济价值的双重提升。总之，耦合集中连片主题的核心理念旨在构建一个既尊重个体差异又强调集体协同的巴蜀地区传统村落保护与更新模式，促进文化的活态传承与区域的可持续发展。

（三）以突显建筑价值个性为抓手

巴蜀地区传统村落保护与更新的第三大核心理念，聚焦于以突显建筑价值个性为抓手。这一理念深刻认识到，每一个传统村落都是独一无二的文化瑰宝，其建筑不仅仅是居住的场所，更是历史记忆的载体、地方工艺的展现和民族文化精神的象征。[①] 因此，在保护与更新的过程中，我国传统村落应当高度重视并精心挖掘每个村落建筑的独特价值与个性特征，使之成为推动村落活化利用的关键抓手。具体而言，这一理念要求村落在保护工作中，首先要进行细致的建筑遗产调查与评估，识别出那些反映地方建筑技艺、蕴含丰富历史文化信息的代表性建筑，如古民居、宗祠、牌坊、戏台等。通过对这些标志性建筑的精心修复和适度利用，不仅可以有效保存传统建筑的艺术美学和建造智慧，还能让来访者直观感受到巴蜀地区深厚的历史底蕴和丰富

---

① 温泉、唐建国、蔡旷原：《乡土建成遗产视角下传统村落保护原真性与完整性的探究——以"三峡原乡"旱夔门为例》，《华中建筑》2023年第12期，第143~147页。

的文化多样性。同时，强调个性并不意味着忽视整体和谐。在彰显建筑个性的同时，村落还须考虑其与周围环境的协调统一，以及在村落整体风貌中的位置和作用，确保保护与更新工作既能突显单体建筑的魅力，又能维护村落景观的完整性和连续性。其次要鼓励采用传统材料、技术和工艺进行修缮，以及在必要时引入现代设计理念和技术手段，以创新的方式传承与展现建筑的个性美，让传统建筑在现代社会中焕发新的活力，成为连接过去与未来的桥梁。总之，以突显建筑价值个性为抓手的理念，旨在通过深入挖掘和精心展示巴蜀地区传统村落建筑的独特魅力，促进村落文化的传承与创新，为乡村振兴和文化自信的提升贡献力量。

（四）以整合村落空间共性为导向

在巴蜀地区传统村落保护与更新过程中，以整合村落空间共性为导向的理念强调在尊重与保护每个村落独特性的基础上，更要着眼于村落间的空间结构共性与功能联系，通过科学规划与策略性整合，促进村落间的资源共享、文化互鉴与协同发展，形成网络化、一体化的保护与发展新模式。在实践中，这意味着首先要深入分析巴蜀地区传统村落的空间分布特征，识别出它们在地理环境、交通联系、经济活动、社会结构等方面的共同之处。比如，许多村落可能依山傍水而建，拥有相似的水系利用模式；或是分布在同一条古商路上，共享着历史上的贸易网络与文化交流。这些共性可以为村落群的整合提供基础框架。其次，整合村落空间共性的导向要求村落在规划时注重村落间的互联互通，如通过改善交通基础设施，建立便捷的游览路径，促进村落间的人员往来与物资交流，同时也要考虑到生态廊道的建设，保护和恢复连接各村落的自然生态体系，确保生物多样性和文化多样性得到保护。此外，还要加强村落间的功能性协作，比如联合开展文化旅游项目、共同推广特色农产品、共享教育资源和医疗设施等，这些都能有效提升村落群体的整体吸引力和竞争力，促进经济的多元化发展。在此过程中，强调村落文化的互鉴与融合，不仅能够丰富村落的文化内涵，还能增强区域文化认同感，促进社会的和谐稳定。因此，以整合村落空间共性为导向的理念，旨在通过系统性的空间规划和功能整合，打破村落间的物理界线与心理界限，构建一个既保持各自特色又能协同发展的村落集群网络。

二　巴蜀地区传统村落保护与更新的基本原则

（一）整体性原则——统筹谋划，动态实施

巴蜀地区传统村落保护与更新的整体性原则强调的是一个全局性和灵活性并重的方法论。该原则要求在保护与更新的过程中，首先要进行高屋建瓴的统筹规划，包括深入了解村落与周边区域的发展协同性、准确评估村落特有的资源与文化价值，以及深切关注村民的实际生活需求，在此基础上制定出既能彰显村落特色又能促进可持续发展的系统性规划蓝图。其关键在于实施过程中的"动态性"，意味着规划与执行须具备时间与空间上的适应能力。时间维度上的动态性是指，更新工作是一个随着时间推移逐步推进的过程，须考虑长期发展目标与阶段性实施的协调；空间维度上的动态性是指，在实际操作中会遇到各种预期之外的挑战与机遇，如环境变化、社会经济动态等，要求规划者能够灵活应对，适时调整方案，确保规划的有效性和实施的可行性。因此，整体性原则不仅是关于宏观层面的策略布局，也是关于在微观操作中保持灵活性和前瞻性的实践智慧，旨在通过综合考量与适时调整，确保巴蜀地区传统村落的保护与更新工作能够科学、有序且充满活力地推进。

（二）示范性原则——本土触媒，多点示范

示范性原则强调以本土触媒带动全面激活的策略。正如学者罗德

胤所强调，成功的示范项目与村落不仅能够成为激发更广泛区域村落活力的催化剂，还能深刻改变村民对于传统与现代、保护与发展的认知框架。① 这种改变始于亲眼见证家乡因保护与更新而发生的积极转变，让村民们直观感受到文化遗产的价值与魅力，从而在内心深处激发出对家园的自豪感与保护意愿。而"本土触媒"的核心在于，深入挖掘和尊重地域文化的独特性，将之转化为设计与更新实践中的灵感源泉。触媒理论指出，一个具有良性触媒作用的城市设计将会给城市发展带来正面的推动作用。城市触媒是由城市所塑造的元素，然后反过来塑造它本身的环境。它的目的是促使城市结构持续与渐进的发展。最重要的是该触媒并非单一的最终产品，而是一个可以刺激与引导后续开发的元素。② 这意味着在传统村落更新过程中，当地应充分考虑地方的历史背景、自然环境、民俗习惯等因素，采用适宜、适度且富有创意的方式，使每一个示范点都成为展现巴蜀风情、讲述村落故事的鲜活样本。而且村落中应挑选和打造多个示范点，不仅能够为其他村落提供可借鉴、可复制的模式，激发村民自主参与保护与更新的热情，还能吸引外界的关注与投入，共同促进历史遗产的保护与传承。这一原则的应用，旨在构建一种自下而上、内外合力的可持续发展模式，让巴蜀地区的传统村落焕发新生，既能保留丰富的历史文化底蕴，又能实现与现代社会生活的和谐共生。

（三）开放性原则——有限干预，开放营建

巴蜀地区作为中国西南部历史文化底蕴深厚之地，其传统村落的保护与更新实践中，"开放性原则"尤为关键，其旨在平衡保护与发展的关系，促进村落文化的活态传承与创新发展。一方面，在传统村落保护与更新的过程中，应秉持最小干预的理念，避免过度现代化改

---

① 罗德胤编著《传统村落：从观念到实践》，清华大学出版社，2017，第 45 页。
② 王艳婷、范国建：《基于触媒理论下传统村落保护与更新设计研究——以浙江省遂昌县箍桶丘村为例》，《艺术与设计（理论）》2023 年第 8 期，第 86~89 页。

造对村落原有风貌和历史痕迹的破坏。这意味着在修复古建筑、改善基础设施等活动中，优先采用传统材料、工艺，尊重并保留村落原有的空间布局、建筑风格和自然景观。干预行为需经过严谨的评估，仅对确有危险或已严重损坏的部分进行必要修复，力求让每一处修缮都成为连接过去与未来的桥梁，而非割裂历史的屏障。另一方面，在保护传统村落的同时，引入外部资源与智慧，鼓励多方参与，包括政府、专家、当地居民等。这意味着保护与更新项目不是封闭孤立的过程，而是开放包容的平台。村落可以通过举办研讨会、工作坊等形式，邀请不同背景的人士共同探讨村落的未来发展路径，激发创意与活力。同时，鼓励采用现代科技手段记录、展示村落文化，如数字化档案建立、虚拟现实体验等，使传统文化以更加生动、互动的方式呈现给更广泛的公众。

（四）渐进性原则——渐进更新，护改并重

在巴蜀地区传统村落保护与更新的实践中，渐进性原则是另一项至关重要的指导思想，其核心内涵为渐进更新，护改并重。这一原则深刻体现了我国在尊重村落发展自然规律的同时，采取逐步推进、保护与改造并重的策略，以实现村落的有机更新与持续发展。一方面，"渐进更新"意味着在保护传统村落的过程中，不追求快速的大规模改造，而是采取循序渐进的方式，根据村落的实际需要和资源条件，分阶段、分区域地进行。这一策略允许时间成为村落更新的"朋友"，让每一项改造措施都有足够的时间去融合、沉淀，确保改造活动与村落的自然生长节奏相协调。通过小规模、渐进式的实践，可以更好地观察和评估每一项改动的效果，及时调整策略，减少因决策失误而导致的文化遗产损失。另一方面，"护改并重"则强调在保护原有历史文化遗存的同时，适度进行必要的改造升级，以适应现代社会的生活需求和经济发展。这里的"护"不仅指物质形态上的保护，如古建

筑、历史街区的维护，也涵盖非物质文化遗产的传承与弘扬；而"改"则是在不破坏村落整体风貌和文化基因的前提下，对基础设施、居住环境、旅游服务等方面进行合理改进，提高居民生活质量，促进村落的可持续发展。护改并重要求在每一个具体的保护与更新项目中，都要找到保护传统与满足现代功能之间的最佳平衡点。

（五）协同性原则——协同共建，多元保障

在巴蜀地区传统村落保护与更新的复杂体系中，协同性原则的核心精神为协同共建，多元保障。这一原则强调在保护行动中，通过多方合作与多元化保障机制，形成合力，确保传统村落得到全面、有效的保护与可持续发展。其中，协同共建意味着保护与更新工作不应是单一主体的行为，而应是一个涉及政府、专家学者、当地村民、非政府组织、企业以及游客等多元主体共同参与的系统工程。政府应当发挥主导作用，制定相关政策、规划和标准，提供必要的资金支持和法律保障；专家学者则运用专业知识，为村落保护提供科学指导和技术支持；当地村民是村落保护的直接受益者也是关键参与者，村民的意愿和传统知识应当被充分尊重和融入规划中；非政府组织和企业的加入则能引入更多资源和创新模式，增强保护工作的实效性与灵活性；而游客的文明参观也是对村落保护的一种支持方式。因此，通过协同共建与多元保障，巴蜀地区的传统村落将得以在新的时代背景下成为地域文化传承与创新的典范。

第二节　巴蜀地区传统村落的保护策略

在当今时代，随着工业化与城市化的加速推进，自然环境面临着前所未有的挑战，生态系统遭受破坏、生物多样性急剧下降的问题日

益严峻。这不仅威胁到地球的生态平衡，也直接影响人类社会的可持续发展与未来福祉。因此，重视并促进巴蜀地区传统村落中原始生态空间的可持续发展，能够更好地保护当地的自然空间，进而为后代留下一个生机勃勃、繁荣昌盛的特色传统村落。

一　生态保护：重视原始生态空间可持续发展

（一）开展生态资源调查，评估村落生态状况

在致力于生态保护与原始生态空间可持续发展的大背景下，巴蜀地区以其独特的地理位置和丰富的生物多样性，成为我国生态保护工作中不可或缺的一环。针对该地区的传统村落，开展全面而细致的生态资源调查显得尤为迫切与重要。首先，生态资源调查应覆盖植被类型、野生动物种群、水资源状况及土地利用等多个方面，村落通过现代科技手段如遥感卫星数据、地理信息系统与实地考察相结合的方式进行综合分析，有助于当代社会全面了解村落生态系统的基本结构与功能，识别出关键生态区域及潜在的生态脆弱带。其次，设计者评估村落生态状况时，还须关注人类活动对自然环境的影响，包括农业生产、旅游开发、居民日常生活等活动对水资源、土壤质量、空气质量及生物多样性的影响程度。通过对比历史数据与现状，分析生态退化的原因，评估生态系统的健康状态，能为传统村落的管理者制定针对性的保护措施奠定基础。此外，考虑到巴蜀地区传统村落往往蕴含深厚的文化底蕴和独特的民族风情，村落生态资源调查还应融入文化生态保护的理念，记录和保护那些与自然环境紧密相连的传统知识、习俗与信仰，促进文化的传承与生态的共存。

（二）划定生态保护分区，严格保护重要区域

在完成对巴蜀地区传统村落生态资源的详细调查与评估后，基于科学数据与分析结果，合理划定生态保护分区成为下一步的关键举

措。生态保护分区旨在根据不同区域的生态价值、敏感度及受威胁程度，实行差异化的管理和保护策略，确保对重要且脆弱的生态区域实施严格保护。[①] 根据生态资源分布特征、生物多样性状况、自然景观的独特性及生态服务功能的重要性，巴蜀地区的传统村落可以将整个区域划分为核心保护区、缓冲区、生态修复区及可持续利用区等不同功能区。核心保护区通常包括珍稀濒危物种栖息地、重要水源涵养区、自然生态系统未受干扰的原始区域等，村落对此类区域实行最严格的保护措施，限制或禁止一切可能造成生态破坏的人类活动。在重要而敏感的缓冲区内，传统村落可以允许进行有限度的科研监测、生态教育及低影响的生态旅游等活动，但须确保这些活动不对核心保护区造成负面影响。同时，加强生态廊道建设，连接破碎化的生境，促进物种迁徙与基因交流。对于生态受损或退化的区域，则规划为生态修复区，采取植树造林、湿地恢复、土壤改良等生态工程技术，逐步恢复区域生态功能，提升生物多样性。此外，我国也要鼓励在可持续利用区内实践生态农业、生态旅游等绿色经济模式，实现经济发展与生态保护的双赢。因此，通过科学划定生态保护分区并实施差异化管理，不仅能够有效保护巴蜀地区的关键生态区域，还能促进生态系统的整体恢复与持续改善，为未来留下宝贵的自然遗产。

（三）实施生态修复工程，全面绿化本土植物

在巴蜀地区传统村落生态保护的框架下，实施生态修复工程，尤其是通过本土植物进行全面绿化，是恢复和增强村落及其周边自然环境生态功能的关键步骤。这一举措旨在修复因自然因素或人类活动导致的生态退化，重建生态平衡，同时尊重并展现地域生态特色。生态修复工程首先应基于前期的生态资源调查结果，识别出退化严重的区域，如水土流失地带、废弃矿地、受损河岸带等，以及生态连通性差

---

① 冯淑华：《传统村落文化生态空间演化论》，科学出版社，2011，第86~89页。

的区域，作为优先修复的目标。在此基础上，巴蜀地区可以精心选择适应本地气候条件、土壤类型，并能有效促进生物多样性恢复的本土植物种类进行绿化。本土植物不仅能快速适应环境，减少养护成本，还有助于吸引和保护本地昆虫、鸟类等野生动物，构建更加稳定和多样的生态系统。同时，巴蜀地区的传统村落还能通过建立生态果园、药用植物园等形式，既促进生态修复，又为村落居民提供经济来源，实现生态效益与经济效益的双重提升。此外，生态修复工程应注重社区参与和科普教育，鼓励村民参与到本土植物的种植、管理和监测活动中，增强他们对本土生态的认识和保护意识。

（四）推进生态农业发展，合理利用村落土地

为了促进巴蜀地区传统村落的可持续发展，同时保护村落独特的自然与人文景观，推进生态农业发展成为一项至关重要的策略，其不仅仅关乎粮食安全与农村经济的振兴，更是对传统农耕智慧的传承与创新。生态农业强调在农业生产过程中尊重自然规律，实现资源的循环利用，减少化学肥料和农药的使用，以维护土壤健康、生物多样性和生态平衡。[①] 在巴蜀地区的传统村落中，当地可以依托多样的气候条件和丰富的生物资源，发展特色种植业，如有机茶叶、中药材、特色果蔬等，以及林下经济、稻渔共生等复合种养模式。这样的发展模式不仅能够提高农产品的品质和市场竞争力，还能有效增加农民收入，促进农村经济多元化。同时，村落土地的合理利用是生态农业发展的基石。这要求村落在规划时须充分考虑地形地貌、土壤类型、水资源状况等因素，科学划分功能区，比如将肥沃的土地用于高效作物种植，坡地则适宜进行水土保持和林果栽培，湿地和河流周边则可规划为生态保护区或开展生态旅游，既能保护生态环境，又能为村落带来新的经济增长点。此外，加强农业技术培训和技术推广至关重要，

---

① 张帆：《探索传统村落善治路径》，《珠海特区报》2024 年 6 月 27 日，第 6 版。

提升村民的生态农业知识和技能，引导村民采用现代化生态农业技术和管理方法，如智能温室、滴灌节水、病虫害生物防治等，以此提高生产效率和产品附加值。

（五）加强水资源的保护，减少水源污染与浪费

加强水资源的保护，减少水源污染与浪费，是当前巴蜀地区乃至全球面临的一项紧迫任务。首先，我国要建立健全水资源管理制度，严格执行水资源开发利用的总量控制和定额管理，确保水资源的合理配置与高效利用。比如在农业灌溉中采用滴灌、喷灌等节水灌溉方式，工业生产中实施循环水利用系统，城市生活中推广节水器具。其次，我国也要在村落地区强化水源地保护与污染防控，划定并严格管理饮用水水源保护区，限制或禁止在保护区内进行可能造成污染的活动，加大对违法排污行为的监管和惩处力度。同时，加强污水处理设施建设与升级改造，提高污水处理率和回用率，确保排入自然水体的水质达到国家规定的排放标准。此外，提升公众的水资源保护意识也是不可或缺的一环。当地可以通过教育宣传、社区活动等形式，普及节水知识，倡导绿色生活方式，鼓励公众参与水资源保护活动，如垃圾分类减少水源污染、参与河流清理志愿活动等，形成全社会共同参与水资源保护的良好氛围。

（六）发展低碳生态旅游，重视生态理念普及

巴蜀地区的传统村落，凭借着其独特的地理风貌、深厚的历史文化底蕴和丰富的自然生态资源，具备发展低碳生态旅游的独特优势。低碳生态旅游强调在保护自然环境和文化遗产的前提下，提供低影响、高体验度的旅游服务，旨在促进地方经济的绿色发展，同时增强游客对生态保护的意识。首先，发展低碳生态旅游要求传统村落深入挖掘本土文化特色和生态资源，设计出一系列低碳足迹的旅游产品，包括开发徒步、骑行、竹筏漂流等低碳交通方式，引导游客以最接近

自然的方式探索村落，比如打造以体验式学习为核心的生态教育基地，如设立野生动植物观察点、传统农耕体验园等，让游客在参与中学习生态知识，感受人与自然和谐共存的美好。其次，重视生态理念的普及是发展低碳生态旅游的另一重要方面。村落可以通过建立生态博物馆、举办生态文化节、设置环保导览解说系统等方式，向游客传播生态保护的重要性和具体实践方法。同时，村落可以鼓励当地居民参与生态旅游的管理和运营，通过培训提升居民的环保意识和服务技能，使居民在分享旅游收益的同时，成为生态保护的直接参与者和宣传者。此外，实施严格的环境保护措施和游客管理政策是保障生态旅游可持续性的关键。比如传统村落须限制每日游客接待量，避免过度商业化和旅游饱和；推广使用可降解材料的餐饮包装，减少塑料垃圾产生；实施垃圾分类回收制度，确保旅游活动不对当地环境造成负担。在硬件设施的建设上，也应遵循低碳环保原则，如使用太阳能、风能等可再生能源供电，建造符合绿色建筑标准的住宿设施，既能减少碳排放，也能为游客提供亲近自然、体验绿色生活的空间。

二 建筑保护：全面记录村落的历史文化变迁

（一）重视历史建筑修缮，避免发生人为损坏

在面对巴蜀地区传统村落的历史建筑修缮问题时，应当采取一种全面而细致的策略，确保这些珍贵的文化遗产得到妥善保护与传承。一方面，重视历史建筑的修缮工作不仅仅是对物理结构的修复，更是对其蕴含的历史文化的尊重与延续。巴蜀地区，作为中华文化中的一块瑰宝，其传统村落见证了千百年的历史变迁，每一砖一瓦都承载着丰富的历史文化信息。因此，修缮过程中必须采用传统工艺和技术，聘请具有专业技能的工匠，以确保修复工作的原真性，避免现代材料和方法对古建筑原有风貌的破坏。另一方面，为了有效避免人为损坏，

应当建立健全法律法规体系，明确界定保护范围与责任，对故意破坏历史建筑的行为进行严厉处罚。同时，提升公众意识至关重要，通过教育引导和社区参与，让当地居民及游客认识到传统村落及其历史建筑的不可替代价值，激发居民参与保护的热情与责任感。可以举办各类文化活动和展览，展示村落的历史变迁与建筑特色，增强社会整体的文化保护意识。

（二）坚持最小干预原则，避免过度商业改造

在推进巴蜀地区传统村落保护与发展的过程中，坚持"最小干预"原则显得尤为重要。这一原则强调在修缮和活化利用过程中尽可能减少对村落原始形态和文化生态的改变，确保历史信息的真实传递与文化基因的延续。具体实施时，在任何改造项目启动前，传统村落须进行详尽的遗产评估与科学规划，明确哪些是必须保护的核心区域与元素，哪些区域可以适度开发。这要求专家团队深入调研村落的历史背景、建筑风格、社会结构等，制定出既能满足保护需求又符合可持续发展理念的规划方案，同时在修缮老建筑或新建配套设施时，村落应尽量使用传统材料与工艺，保持或恢复其原有的建筑风格和构造特点，避免使用现代化建筑材料或设计，以免破坏村落的整体和谐与历史氛围。另外，商业活动的引入应严格控制，确保其服务于村落的保护与文化传承，而非单纯追求经济效益，避免大规模商业化和同质化开发，防止村落失去其独特性和文化灵魂。

（三）完善档案体系，确保资料长期留存

巴蜀地区传统村落不仅承载着丰富的民族文化记忆，也是中华文明多样性的重要体现。因此，对这些传统村落的保护工作显得尤为重要，其中完善档案体系是确保文化遗产得到妥善保存与传承的关键措施。这一体系应当包括详尽的文献记录、影像资料、口述历史以及村落的建筑布局、民俗活动、手工艺技能等多方面的内容。通过数字化

档案管理，可以有效防止资料的物理性损坏，同时便于资料的检索、研究与分享，使得宝贵的文化遗产能够在时间的长河中得以长期留存。此外，村落完善档案体系还需注重当地社区的参与，鼓励村民口述自身的故事与家族历史，这样的"活态"记录不仅能丰富档案内容，还能增强社区居民对传统文化的认同感和保护意识。政府、学术机构及非政府组织应形成合力，为档案的收集、整理、存储与维护提供必要的资金支持和技术指导，确保档案工作的持续性和专业性。

（四）组建长期研究团队，把握历史发展变迁

为了深入理解并有效保护巴蜀地区传统村落的历史价值与文化特色，组建一支长期致力于该领域研究的专业团队显得尤为关键。这一团队应由历史学者、人类学家、民俗专家、建筑师、文化遗产保护专家以及地理信息系统技术专员等跨学科成员组成，旨在通过综合性的研究方法，系统地把握巴蜀地区传统村落从古至今的发展脉络与变迁历程。研究团队首先须开展全面的田野调查，实地考察每一处传统村落的自然环境、建筑风格、社会结构、宗教信仰、节庆习俗及手工艺技能等，通过文字记录、摄影摄像、测绘制图等多种手段，收集一手资料。在此基础上，团队可以运用历史文献比对、口述历史采集、比较分析等研究方法，细致梳理村落发展的历史轨迹，揭示其在不同历史时期的社会功能、文化意义及面临的挑战与机遇。尤为重要的是，团队需建立动态监测机制，定期回访村落，跟踪记录其在现代社会变迁中的生存状态与保护状况，评估保护措施的有效性，并根据实际情况调整保护策略。同时，团队还应承担起知识传播与公众教育的责任，通过学术报告、出版物、展览、工作坊等形式，提高社会各界对巴蜀地区传统村落保护的认识与参与度。

（五）收集口述访谈历史，重视村落历史故事

收集口述访谈历史，重视村落历史故事，是连接过去与未来、活

化文化遗产的重要途径。这一步骤要求我们深入村落，走近那些承载着丰富记忆的长者，通过面对面的交流，以录音、录像或者笔录的方式，记录下长者口耳相传的故事、家族传说、生活习俗、重大事件的亲身经历等。在进行口述历史收集时，应采取尊重与包容的态度，确保访谈过程既是一种知识的传承，也是对讲述者个人经历的尊重。团队成员需要接受专业的口述历史收集培训，学习如何建立信任关系、引导对话、保持客观中立以及妥善处理敏感话题等技巧，确保记录的准确性和合理性。此外，收集到的口述史料可以被系统整理和数字化保存，建立一个可检索的口述历史数据库，为学术研究、教育普及以及村落自身的历史文化建设提供资源。通过组织故事分享会、出版口述史集、制作纪录片等方式，可以让更多人听到这些来自乡土的声音，感受巴蜀地区传统村落独特的文化韵味与历史积淀。

（六）运用现代科技手段，精确记录建筑细节

在建筑保护领域，尤其是针对村落的历史文化变迁进行全面记录时，现代科技手段的应用成为不可或缺的工具。随着科技的进步，诸如三维激光扫描、无人机航拍、高分辨率摄影、虚拟现实（VR）、增强现实（AR）以及地理信息系统（GIS）等技术，为精确记录建筑细节提供了前所未有的可能性。三维激光扫描技术能够捕捉建筑表面的每一个细微之处，生成高精度的三维模型，不仅能保留建筑的外观特征，还能准确测量尺寸，这对于古建筑的修复和重建至关重要。无人机航拍则能从空中视角提供村落的整体布局和环境信息，有助于理解建筑与周围景观的关系，同时也便于监测村落随时间变化的动态过程。高分辨率摄影技术使得单个建筑构件乃至装饰细节都能得到清晰呈现，为研究者提供丰富的视觉资料，有利于深入分析建筑风格和工艺技法。而虚拟现实和增强现实技术则让历史建筑"活"了起来，用户可以通过 VR 头显或 AR 设备，身临其境地体验历史场景，感受村落的文化氛围。地理信息系统的集成应用，更是将空间数据与历史信息相结合，构建村落的时空框架，通过 GIS 平台，可以直观地看到村落随时间演变的过程，分析历史事件对建筑风格和村落形态的影响，为制定保护政策和规划方案提供科学依据。总之，现代科技手段的应用极大地丰富了村落历史文化变迁的记录方式，提高了数据的准确性和完整性，为建筑保护工作注入了新的活力。

三 景观保护：实现村落文化基因的当代传承

（一）保留经典景观元素，打造村落特色景点

巴蜀地区的传统村落承载着丰富的历史文化和自然生态价值。为了实现村落文化基因的当代传承，当地应当注重保留和活化这些村落中的经典景观元素，将其打造成独具特色的景点，让传统文化在现代语境中焕发新生。首先，巴蜀地区的传统村落须对村落中的古建筑、古树名木、石板路、水井等具有代表性的景观元素进行细致的保护与修复，确保其原有的风貌得以完好保存。① 其次，巴蜀地区可以结合村落的自然环境和人文特色，设计一系列体验式旅游项目，如农耕体验、手工艺制作、地方美食烹饪等，让游客在亲身体验中感受巴蜀文化的魅力。再次，当地的传统村落可以利用现代科技手段，如虚拟现实、数字影像等，对村落的历史故事、文化习俗进行生动再现，为游客提供沉浸式的游览体验。这种方式不仅能够增强村落的互动性和趣味性，还能有效传播和推广巴蜀地区的文化遗产。最后，我国也需要建立健全村落景观保护的长效机制，包括制定详细的保护规划、设立专门的管理机构、引入社会资金和专业人才等，确保村落的可持续发展。

---

① 褚文博、郑馨：《文脉保护下的朝鲜族传统村落景观设计研究》，《美与时代》（城市版）2024 年第 5 期，第 84~86 页。

（二）景观元素分类保护，形成系统保护框架

巴蜀地区传统村落的保护工作是一项系统工程，其核心在于实现景观元素的分类保护，进而构建起一个全面而精细的保护框架。这一过程需遵循科学的原则和方法，以确保每一处珍贵的文化遗产都能得到恰当的保护，同时又能促进村落的可持续发展。首先，村落内景观元素的分类是基础工作。这包括古建筑、古树名木、石桥、祠堂、牌坊、水井、农田景观、乡土植物等自然与人文景观。每一种景观元素都承载着独特的文化信息和历史记忆，因此，分类的目的是识别出需要特别关注和保护的对象，避免在保护工作中出现"一刀切"的现象。其次，传统村落须根据景观元素的不同类型和状态，制定有针对性的保护措施。例如，对于结构稳定但外表风化的古建筑，可以采取修复外观、加固结构的措施；而对于濒临倒塌的古迹，则需紧急进行结构支撑和材料替换，防止文物进一步损坏。同时，对于自然景观，如山体、水系和植被，应着重于生态恢复和环境整治，保持其自然美和生态功能。此外，我国建立一套完整的监测和评估体系也是至关重要的。这一体系应包括定期的现场勘查、环境监测和文化价值评估，以便及时发现保护工作中可能出现的问题，并做出相应的调整。监测数据不仅可以为保护措施的优化提供依据，还可以作为后续研究和教育的宝贵资料。

（三）实现区域景观合理规划，保护村落整体格局

实现区域景观合理规划，保护村落整体格局，是巴蜀地区传统村落保护工作中不可或缺的一环。首先，区域景观合理规划要求我们在宏观层面上审视村落及其周边环境的关系，识别出村落与山脉、河流、农田等自然景观之间的内在联系，以及村落内部的空间布局、道路网络、建筑群落等人文元素的相互作用。通过对这些要素的整体考量，规划者可以制定出既符合村落历史文化特点，又适应现代生活需求的

规划方案，避免孤立地看待单个景观元素，从而保护村落的整体格局不被破坏。其次，区域景观合理规划强调对村落周边自然环境的保护与修复。巴蜀地区山川秀美，水资源丰富，良好的生态环境是村落得以延续发展的基础。最后，规划应注重村落内部空间的合理利用和功能完善。这意味着在尊重村落原有肌理的基础上，适度调整公共空间布局，优化交通路线，增设必要的公共服务设施，如学校、医疗站、文化中心等，以满足村民日益增长的生活需求。

（四）自然与人文景观并重，传承村落文化基因

自然与人文景观并重，传承村落文化基因，是巴蜀地区传统村落保护与发展中的一项核心策略。这一理念深刻体现了在现代社会背景下，如何平衡自然环境保护与文化传承，促进乡村可持续发展的重要思考。首先，自然景观是村落文化的物质基础，也是村落美学的重要组成部分。巴蜀地区的自然景观以其独特的山水之美著称于世，山峦起伏、江河蜿蜒、林木葱郁，构成了村落与自然和谐共生的生动图景。保护和利用好这些自然资源，不仅能够维持生态平衡，还能为村落提供源源不断的灵感源泉，促进乡村旅游的发展，增加村民收入。因此，在传统村落的规划与建设中，当地应充分尊重自然规律，采取生态友好型措施，如绿植修复、水源保护、生物多样性维护等，以保持村落周边环境的原始风貌和生态功能。其次，人文景观则是村落文化的灵魂所在，它承载着历史的记忆，反映了村民的生活方式、信仰习俗和社会组织形态。巴蜀地区传统村落的人文景观丰富多彩，从古朴的民居、精美的雕刻到丰富的民间艺术，每一处都蕴含着深厚的文化内涵。为了传承这些宝贵的文化遗产，需要通过文献记录、口述访谈历史收集、非物质文化遗产申报等方式，系统梳理村落的历史脉络和文化特色，同时开展民俗节庆、手工艺培训、传统技艺展示等活动，让年青一代了解并热爱自己的文化根源。而且村落文化基因的传承，更需要

在教育与创新中找到平衡点。

（五）村民参与景观保护，打造特色村落地标

村民参与景观保护，打造特色村落地标，是实现巴蜀地区传统村落可持续发展的重要途径。这一策略强调了村民作为村落主人翁的角色，他们的参与不仅能够确保村落的自然与人文景观得到有效保护，还能促进村落文化的传承与创新，最终打造出独一无二的村落地标，提升村落的辨识度和吸引力。首先，村民的直接参与是村落景观保护与管理的基石。通过成立村民自治组织，如村落保护委员会，村民可以就村落的规划、建设和保护事宜进行民主决策，确保所有措施都符合村民的共同意愿和长远利益。这种自下而上的参与机制，不仅能增强村民的归属感和责任感，还能促进村落资源的有效利用和管理，避免外部力量过度干预导致的"千村一面"现象。其次，村民的知识与技能是村落文化传承的关键。许多传统村落拥有丰富的非物质文化遗产，如手工艺品、传统美食、民歌舞蹈等，这些都是村落文化的重要组成部分。这些活动也成为村民之间交流情感、增强社群凝聚力的平台，有助于形成健康向上的村落文化氛围。最后，村民的创新意识是村落特色地标打造的动力。在保护传统景观的同时，我国可以鼓励村民结合现代审美和技术，对村落的公共空间、建筑风格、旅游产品进行创新设计，可以创造出既保留传统韵味，又具有时代气息的特色地标。比如，将废弃的老宅改造为艺术工作室、咖啡馆或民宿，不仅能为游客提供深入了解村落文化的机会，也能为村民创造就业和增收的途径。可以说，这种内生式的发展模式，使得村落的保护不再是静态的"博物馆化"，而是充满活力与创新的"生活化"。

（六）定期维护村落景观，减少外界因素损坏

定期维护村落景观，减少外界因素损坏，是确保巴蜀地区传统村落长期保存和健康发展的重要措施。这一策略涉及对村落自然与人文

景观的日常保养、修复以及对可能造成损坏的外界因素的预防和控制，旨在维护村落的原貌，延长其生命周期，同时提升村民的生活质量和游客的体验感。首先，建立定期检查与维护机制是保护村落景观的基础，包括对古建筑、古树名木、水井、石板路等自然景观进行定期的安全检查和清洁保养。例如，对古建筑进行防潮、防腐处理，清理积尘和杂草，修复破损的瓦片和木构件；对古树名木进行修剪、施肥、病虫害防治；对水井进行水质检测和清洁，确保其安全使用；等等。通过这些日常维护工作，可以及时发现并解决传统村落潜在的问题，避免小损伤演变成大破坏。其次，加强村落景观的防灾减灾能力，减少自然灾害和人为破坏的影响。这需要对村落的地理环境进行综合评估，识别易受洪水、滑坡、火灾等灾害影响的区域，并制定相应的预防措施，如建设防洪堤、设置消防设施、安装监控设备等。同时，提高村民的灾害防范意识和应急处理能力，定期举行灾害演练，确保在突发情况下能迅速有效地采取行动，最大限度地减少损失，这对于传统村落的当代保护与发展有着重要意义。因此，有必要制定合理的旅游规划，限制每日游客数量，设置游览路线，引导游客文明参观，禁止在村落内随意丢弃垃圾、刻画涂鸦等行为。同时，加强对旅游设施的管理和维护，如公厕、停车场、指示牌等，确保其整洁、安全、不影响村落景观的整体美观。

四　文化保护：建立价值评估与分类保护体系

（一）考察村落历史沿革，全面评估历史价值

考察村落历史沿革，全面评估历史价值，是巴蜀地区传统村落文化保护工作的首要步骤。这一过程不仅要对村落的起源、发展脉络进行详尽的研究，还要深入挖掘村落与地方乃至国家历史的紧密联系，以期全面揭示村落的文化底蕴和历史地位。首先，从时间线上追溯村

落的形成与发展，探究其最初是如何从一个小小的村落聚居点逐步成长为具有一定规模和特色的传统村落的。这包括了解村落选址的地理环境、早期居民的生活方式、村落的经济基础以及其在历史变迁中的角色转变。例如，一些村落可能因地处交通要道而繁荣，另一些则可能因拥有独特的自然资源或手工艺品而闻名。其次，深入分析村落历史事件，特别是那些对村落发展产生重大影响的事件（包括古代战争、朝代更迭、自然灾害、宗教活动、移民迁徙等），可以更好地了解村落是如何在历史的洪流中形成其独特的社会结构、文化传统和价值观念的。最后，探索村落与历史人物、重要家族的关系。很多村落有着与知名历史人物或家族的不解之缘，这些人物或家族往往对村落的文化特质和精神面貌产生了深远影响。例如，一些村落可能因为曾是某位文人墨客的故乡或隐居地，而流传下来丰富的文学艺术遗产；或是由于某个显赫家族的驻扎，而保留了精美的宅院和独特的生活习俗。基于以上村落的考察与研究，我国可以构建村落的历史价值评估体系，用以量化和比较村落的历史价值。

（二）识别村落独特风格，明确建筑艺术价值

识别村落独特风格，明确建筑艺术价值，对于巴蜀地区的传统村落保护而言至关重要。这一工作涉及对村落建筑形态、装饰艺术、材料运用及空间布局等多方面的深入研究，旨在揭示村落的美学特征及其在建筑史上的地位。首先，我国村落设计者需要对村落的整体布局和规划进行细致观察，了解其是否遵循了某种特定的风水理论或地域性规划原则。巴蜀地区的传统村落往往依山傍水，巧妙利用地形地貌，形成了"天人合一"的居住环境。这种布局不仅体现了古人对自然的尊重，也反映了他们对居住环境的理解和追求。其次，考察村落的建筑类型和样式，识别其独特之处。巴蜀地区的传统村落建筑类型多样，包括吊脚楼、穿斗式木结构建筑、石板房等，每种建筑都有其独特的

结构特点和功能。例如，吊脚楼充分利用了山区地形，既防潮又通风，体现了极高的建筑智慧。此外，建筑的装饰艺术也是识别村落风格的重要依据，如木雕、石刻、彩绘等，它们不仅美化了建筑外观，还承载了丰富的文化寓意和历史信息。最后，分析建筑材料的选择和运用。巴蜀地区丰富的自然资源为村落建筑提供了多种选择，如竹子、木材、石头等，每种材料都赋予了建筑不同的质感和特性。通过对材料的深入研究，可以了解古人在面对不同环境条件时的适应策略和审美偏好。可以说，明确村落建筑艺术价值的过程，实际上是对村落文化的深度挖掘，有助于提升村落的社会认知度，同时也为村落的保护与利用提供理论依据。

（三）评估历史文化遗产，实现文化记忆传承

评估历史文化遗产，实现文化记忆传承，是保护巴蜀地区传统村落的关键步骤。这一过程涉及文化遗产的全面识别、价值评估、保护策略制定以及传承机制构建等多个层面，旨在确保村落的历史文化得以妥善保存，并在当代社会中得到延续和发展。[①] 首先，进行全面的文化遗产识别。这意味着要系统地梳理村落内所有具有历史、艺术、科学价值的物质与非物质文化遗产。物质文化遗产包括建筑、雕塑、壁画、碑刻、传统工艺品等；非物质文化遗产则涵盖民俗活动、口头传说、表演艺术、手工艺技能等。传统村落通过详细的调查与记录，可以形成一份详尽的文化遗产清单，为后续的评估与保护工作奠定基础。其次，开展文化遗产的价值评估。这一环节要求从历史学、考古学、民族学、艺术学等多个学科角度出发，综合考量文化遗产的学术价值、艺术价值、教育价值以及社会价值。通过专业评估，可以确定每项文化遗产的核心价值所在，从而指导后续的保护与利用决策。再

---

① 邹纯纯：《传统村落保护与发展探析——以鄱阳县楼下村为例》，《城市建设理论研究》（电子版）2024 年第 18 期，第 25~27 页。

次，制定切实可行的保护策略。基于文化遗产的价值评估，应针对不同类型、不同状况的文化遗产设计差异化的保护措施。例如，对于易损的文物，便需要采取紧急抢救与修复；对于活态的非物质文化遗产，则应注重传承人的培养与技艺的活化。从次，我国传统村落可以利用现代科技手段辅助文化遗产的保护与传播。例如，利用3D打印技术复原已损毁的文物；借助VR技术，让用户体验穿越回历史场景中的沉浸式学习方式。最后，我国可以促进文化遗产的合理利用与创新发展。文化遗产的保护并非意味着将其封闭起来，而是要在尊重原貌的基础上，探索其在现代社会中的新生命。例如，可以将传统建筑改造为文化展览馆或民宿，既能吸引游客，又能带动当地经济发展；将非物质文化遗产融入现代设计，开发出具有地方特色的文创产品，既能促进文化的传播，也能创造经济效益。

（四）理解村民日常活动，强化村民情感寄托

理解村民日常活动，强化村民情感寄托，是深入保护与活化巴蜀地区传统村落的重要维度。这一策略不仅仅关注物质层面的保护，更强调对村落生活精神内涵的挖掘与传承，旨在通过强化村民与村落之间的情感联系，增强村民的归属感与参与感，进而推动村落的可持续发展。首先，村落开发人员要深入研究村民的日常生活模式，包括观察村民的作息时间、饮食习惯、劳作方式、社交活动等各个方面。比如，了解村民如何在田间劳作，他们使用何种农具，遵循怎样的耕作节律；观察村民们在闲暇时喜欢聚集在村头大树下聊天，还是更倾向于在家门口摆上小桌品茶；留意在举行节日庆典活动时，村民们会进行哪些仪式，这些仪式背后又蕴含着怎样的文化意义。其次，村落研究人员也要挖掘村民日常活动中的文化价值。在村民的日常活动中，往往蕴含着丰富的文化元素与历史记忆。例如，传统农耕方式不仅是一种生存技能，也承载着人与自然和谐共生的哲学思想；节日庆典中

的习俗与仪式，不仅是对祖先的纪念，也是村民集体身份与文化认同的体现。再次，促进村民之间的交流与互动，对于村落文化的建设与发展有着重要的意义与价值。村落作为社会的基本单元，村民间的紧密联系是其生命力的源泉。组织各类集体活动，如传统手工艺制作、农事体验日、故事分享会等，不仅可以增进村民之间的了解与信任，还能增强村民对村落文化的自豪感与责任感。尤其对于年青一代而言，通过亲身参与这些活动，能够更加直观地感受到村落文化的魅力。最后，创建情感寄托的空间与符号。村落中的某些特定场所或物品，往往能成为村民情感寄托的对象。比如，村头的老树、祠堂的牌匾、老井边的石凳，这些看似普通的存在，却承载着村民的集体记忆与深厚情感。通过保护与修复这些空间与符号，可以强化这些元素在村民心中的地位，使其成为连接过去与未来的桥梁。

（五）识别村落潜在风险，制定分类预警策略

识别村落潜在风险，制定分类预警策略，是巴蜀地区传统村落保护与管理中的关键环节。首先，我国可以进行全面的风险识别，包括自然风险与人为风险两大类。自然风险主要涉及地震、洪水、泥石流、山体滑坡等自然灾害，这些灾害可能对村落的建筑结构、自然景观以及村民的生命和财产安全构成严重威胁。人为风险则包括过度旅游、工业化污染、城市化进程中的土地征用与拆迁、文化遗产的不当开发等，这些因素可能破坏村落的历史风貌与文化生态。村落设计组织与管理者可以通过综合运用历史数据分析、专家咨询、实地调研等多种方法，建立起一套全面的风险识别体系。其次，对识别出的风险进行分类与分级。风险分类可以按照其性质与来源进行，如自然灾害风险、环境污染风险、文化遗产破坏风险等；风险分级则根据风险发生的可能性与潜在影响程度，将其划分为低、中等、高三个等级。这种风险分类分级的方法，有助于制定更具针对性与优先级的预警与应对措施。再次，制定分类预警策略对于村落的差异化应对措施有着重要意义。对于不同类别与级别的风险，传统村落应采取差异化的预警措施。例如，对于高风险等级的自然灾害，可以建立实时监测系统，如地震预警网络、气象观测站等，一旦监测到异常信号，立即启动紧急疏散预案；对于中等风险的人为破坏，如过度旅游，可以设定游客数量上限，推广预约参观制度，同时加大文化遗产保护法规的宣传与执行力度；对于低风险的环境污染，可以定期开展环境质量监测，实施绿色生产生活方式的宣传教育，从源头上减少污染物排放。最后，建立风险应对与恢复机制。除了预警之外，还应制定详细的应急预案，包括紧急疏散路线、避难所位置、物资储备、医疗救援等，确保在风险发生时，能够迅速而有序地采取行动，最大限度地减少损失。同时，风险后的恢复工作同样重要，包括受损文化遗产的修复、心理创伤的辅导、经济补偿与重建规划等，以帮助村落尽快恢复正常秩序。

（六）加强村落监测评估，构建分类保护体系

加强村落监测评估，构建分类保护体系，旨在通过定期的监测与科学的评估，动态把握村落文化遗产的现状与变化趋势，进而制定与实施精细化的分类保护措施，实现文化遗产的长期保存与活态传承。首先，在巴蜀地区传统村落的保护与更新过程中，应建立文化遗产监测系统，包括对村落内的自然景观、历史建筑、非物质文化遗产、生态环境、社会经济状况等进行定期的、全方位的监测。监测手段可以多样化，如地面巡查、无人机航拍、卫星遥感、社会调查问卷等，以获取最真实、最全面的数据信息。监测频率可以根据不同文化遗产的特性与风险等级灵活调整，确保能够及时发现并响应任何可能的变化或威胁。其次，传统村落可以开展科学评估与分析。基于监测数据，定期进行文化遗产的状态评估，包括物理状况、文化价值、社会功能、环境影响等多个维度。评估工作应由多学科专家团队共同完成，确保

评估结果的客观性与专业性。评估报告不仅应指出当前存在的问题与隐患，还应提出有针对性的改进建议与保护策略。再次，我国还须构建传统村落的分类保护体系。根据文化遗产的类型、价值、状态与风险等级，将其划分到不同的保护级别与类别中，如国家级重点保护、省级保护、县级保护等。对于每一类文化遗产，制定具体而细致的保护标准与管理措施，如修缮技术规范、使用限制规定、环境管控指标等。最后，文化遗产的保护是一个持续的过程，需要根据监测评估的结果与社会经济的发展变化，适时调整保护策略与措施。这就需要建立定期评审与更新机制，确保保护体系能够适应新的挑战与机遇，保持其有效性与前瞻性。

五　民俗保护：传承地域特色的村落文化风俗

（一）多种形式记录民俗，传承特色文化活动

多种形式记录民俗，传承特色文化活动，是确保这些珍贵的非物质文化遗产得以保存与传承的关键策略。这一过程不仅涉及对传统习俗、节日庆典、民间艺术等的详细记载，还需要创造性地运用现代技术与媒介，使民俗文化得以跨越时间和空间的限制，被更多人知晓和体验。首先，采用文字记录是最基础也是最重要的方式之一。撰写村落民俗志，详细描述每项民俗活动的起源、演变过程、仪式流程、参与者角色以及其中蕴含的文化意义。这些文字记录不仅是对民俗活动的忠实再现，也是对村落历史与文化脉络的梳理，为后来的研究者和文化爱好者提供了宝贵的资料。其次，影像记录为民俗活动的视觉呈现提供了生动的证据。摄影和摄像技术可以捕捉民俗活动中的精彩瞬间，如节日庆典的热闹场面、传统手工艺的制作过程、村民们的表情和动作等。这些影像资料不仅能够直观展现民俗活动的全貌，还能传达出活动中的情感氛围和文化氛围，是文字记录无法替代的。再次，

声音记录让民俗活动中的音乐、语言和声响得以留存。通过录音设备捕捉传统音乐演奏、地方戏曲演唱、民间故事讲述等声音素材，不仅能保留民俗活动的听觉记忆，也能为研究方言演变、音乐风格提供珍贵的音频资料。此外，数字化记录和网络传播拓宽了民俗文化的传播渠道。建立民俗文化数据库，将文字、图片、视频、音频等多种格式的资料整合在一起，通过互联网平台进行展示和分享，使民俗文化能够触及全球范围内的受众，促进文化的交流与理解。最后，编撰民俗读物和出版物，如民俗故事集、传统食谱、手工艺教程等，不仅能够为本地居民提供文化教育的资源，也能为外地游客和文化爱好者提供了解和学习民俗文化的机会，促进民俗文化的广泛传播。

（二）村民口述历史故事，记录村落民俗变迁

村民口述历史故事，记录村落民俗变迁，是探索和保护村落文化遗产中不可或缺的一环。这一过程不仅能够捕捉到村落历史的生动细节，还能深刻反映民俗文化的演变轨迹，为后人留下宝贵的精神财富。首先，村民作为村落历史的亲历者和见证者，他们的口述历史提供了一手资料，填补了正式文献记录的空白。通过与村民深入交谈，聆听他们讲述家族往事、村落变迁、传统习俗的起源与演变，我们能够获得对村落历史更为鲜活、细腻的理解。其次，口述历史故事能够揭示民俗变迁的内在动力和复杂过程。随着时代的进步和社会的发展，村落的民俗活动也在不断变化。通过村民的回忆，我们可以了解到哪些传统习俗得以保留，哪些逐渐消失，以及新的民俗活动是如何形成的。这些变迁的背后，往往反映了社会结构、经济条件、教育水平、外来文化等多重因素的综合作用。口述历史提供了从个体视角观察这些变化的窗口，能够帮助我们了解民俗变迁的社会文化背景。再次，村民口述历史故事有助于增强村落社区的凝聚力和文化认同。当村民们聚在一起分享自己的故事时，不仅增进了彼此之间的了解和尊重，也加

深了对共同历史和文化的认同感。这种集体记忆的构建，对于维护村落的社会结构，促进社区和谐，以及激发年青一代对民俗文化的兴趣和参与，都具有重要意义。此外，口述历史的记录和整理也是一个系统工程，需要专业的培训和指导。为了保证口述历史的质量和真实性，应当对采访者进行历史学、人类学、口述历史学等方面的培训，同时也需要对村民进行引导，帮助村民回忆和叙述，确保故事的完整性和准确性。最后，将口述历史故事转化为可共享的资源，是保护和传承民俗文化的重要步骤。通过出版书籍、制作纪录片、建立在线数据库等方式，可以让更多的人接触到这些宝贵的故事，促进文化的传承与创新。

（三）申报非遗民俗活动，强化民俗活动认可

申报非遗民俗活动，强化民俗活动认可，是保护和弘扬巴蜀地区传统村落文化的重要举措。这一过程不仅能够提升民俗活动的社会地位和国际知名度，还能够为村落提供更有力的保护和传承平台，确保这些独特的文化表现形式得以永续发展。① 首先，非遗申报能为民俗活动提供官方认可与保护。根据《中华人民共和国非物质文化遗产法》及相关国际公约，被列入非遗名录的民俗活动将受到国家法律的保护，免受商业开发的不当侵蚀，同时也有资格申请国家和地方政府的财政支持，用于活动的传承、研究、教育和展示。这种官方认可不仅提升了民俗活动的社会地位，也增强了村民和传承人的自豪感与责任感，激发了他们参与保护和传承的积极性。其次，非遗申报有助于民俗活动的系统化记录与研究。申报过程中，村落需要对民俗活动的起源、发展、特点、价值以及传承状况进行详尽的调查和整理，形成系统的档案资料。这些资料不仅为学术研究提供了丰富的素材，也为后续的保护与传承工作奠定了坚实的基础。同时，非遗活动的国际交

---

① 施禹：《四川传统村落建筑的保护与利用》，《百科知识》2024 年第 15 期，第 37~38 页。

流也为本地村民提供了展示才华和文化自豪感的舞台，增强了当地人民对本土文化的认同感和归属感。最后，非遗申报还能为民俗活动的创新与发展提供动力。在非遗保护框架下，鼓励对传统民俗活动进行适当的创新和适应性发展，使其能够更好地融入现代社会，满足当代人的文化需求。例如，通过与现代艺术、科技手段的融合，传统民俗活动会焕发新生，吸引更多年青一代的关注和参与。这种创新不仅不会削弱民俗活动的原汁原味，反而能够促进其在新时代背景下的传承与发扬。

（四）筹办多元化的民俗活动，吸引游客参与体验

在巴蜀地区，传统村落作为文化遗产的活化石，承载着丰富的历史记忆和独特的地域文化。为了更好地传承与弘扬这些宝贵的文化遗产，同时吸引游客参与体验当地的传统民俗，筹办多元化的民俗活动显得尤为重要。其中，巴蜀地区在传统节日，如春节、端午节、中秋节等，通过举办传统的节日庆典，如舞龙舞狮、包粽子比赛、制作月饼等，可以让游客亲身体验到浓厚的节日氛围和地方习俗，而且巴蜀地区的农耕文化源远流长，可以设置农田体验区，让游客亲手参与插秧、收割等活动，感受农耕的乐趣和艰辛，同时了解当地的农业知识和生态循环。另外，当地还能组织川剧变脸、茶艺表演、民乐演奏等艺术活动，以及设立民俗博物馆或展览，展示巴蜀地区的服饰、乐器、生活用品等，使游客全方位地感受到巴蜀文化的魅力。这些多元化的民俗活动，不仅能够丰富游客的旅游体验，加深他们对巴蜀文化的理解和喜爱，还能够促进当地经济的发展，为传统村落带来新的活力。

（五）建立特色民俗博物馆，深入传播民俗内涵

在当今这个快速发展的时代，传统文化的保护与传承显得尤为重要。对于拥有深厚文化底蕴的巴蜀地区而言，建立特色民俗博物馆不仅仅是一种保存历史记忆的有效途径，更是深入传播民俗内涵、促进文化自信的重要平台。首先，特色民俗博物馆应精心策划，将巴蜀地

区的独特民俗文化以生动直观的方式呈现给公众。例如，可以通过实物展示、场景复原、多媒体互动等形式，再现古代巴蜀人的生活场景，如农耕、手工艺、节日庆典等，让参观者仿佛穿越时空，亲身感受那个时代的气息和氛围。这种沉浸式的体验能极大地激发人们的好奇心和探索欲，使民俗文化的传播更加深入人心。其次，特色民俗博物馆应成为民俗研究和教育的中心。该平台可以定期举办学术研讨会、讲座和工作坊，邀请民俗学家、历史学者和当地居民共同探讨民俗文化的演变历程及其社会价值，为学术界提供一个交流和研究的平台。最后，特色民俗博物馆还可以致力于与村民的紧密合作，鼓励当地村民参与其中，不仅作为民俗文化的传承者，也作为博物馆的志愿者或讲解员，分享自己的故事和经验，使博物馆成为连接过去与未来、传统与现代的桥梁。

（六）开展传承人培养计划，确保民俗代际传承

在面对全球化和现代化浪潮的冲击下，传统文化的保护与传承面临着前所未有的挑战。对于巴蜀地区这样历史悠久、文化深厚的区域来说，开展传承人培养计划是确保民俗文化代际传承的关键策略之一。这一计划旨在系统性地培养新一代的民俗文化继承者，可以通过以下几种方式实现。一是建立"师傅带徒弟"的传统教学模式，由经验丰富的老艺人或民俗专家担任导师，直接传授技艺和知识。这种一对一的教学方式，能够确保传承的精准性和深度，同时也能加深师生之间的情感联系，有利于形成强烈的文化认同感。二是将民俗文化教育纳入学校的课程体系中，从小培养孩子们对本土文化的兴趣和尊重。通过开设民俗艺术、历史、语言等相关课程，组织实地考察、工作坊和文化节庆活动，让学生在实践中学习和体验，从而激发他们对民俗文化的热爱和传承的使命感。传承人培养计划不仅能够确保民俗文化的代际传承，还能促进其创新发展，使之在现代社会中焕发新的生机与活力。

第三节　巴蜀地区传统村落的更新策略

随着社会的变迁与时代的进步，这些传统村落正面临着前所未有的挑战与机遇。如何在保留其原有风貌与文化精髓的基础上，实现可持续的更新与发展，成为摆在我们面前的一个重要课题。本节内容将深入探讨巴蜀地区传统村落的更新策略，从功能更新、规划更新、美学更新、文化更新和数字更新五个维度出发，旨在为村落的振兴与繁荣提供可行路径。而这一系列的更新策略，既是对传统村落保护与发展的创新尝试，也是对新时代背景下乡村建设理念的深刻反思。它们不仅仅关乎村落物质层面的改善，更涉及精神层面的重塑，旨在构建一个既能留住乡愁又能面向未来的新型村落生态系统，让巴蜀地区的每一处村落都成为文化传承与生态文明的典范。

一　功能更新：服务功能更新与产业升级

（一）完善村落基础设施，优化村落公共服务

在推进巴蜀地区传统村落的功能更新中，完善村落基础设施与优化村落公共服务是首要任务，这不仅是提升村民生活质量的关键，也是吸引外部资源、推动产业升级的基础。首先，改善交通网络，拓宽、硬化道路，增设公共交通线路，不仅可以方便村民的日常出行，也会降低物流成本，为后续的产业发展铺平道路。其次，升级通信设施，普及宽带网络和覆盖移动通信信号，可以使得信息流通更为畅通，为电子商务、远程教育、在线医疗等现代服务进入村落创造条件。再次，提升供水、供电系统的稳定性和安全性，确保村民能够获得清洁的饮用水和稳定的电力供应，这是现代生活的基本需求，也是吸引外来投

资的重要因素。最后，优化教育和医疗服务，建设或改造学校、卫生所，引入优质教育资源和医疗设备，提高教育质量和医疗服务水平，既能留住本地人才，又能吸引外来人口，增强村落的吸引力。在文化服务方面，村落可以建设多功能文化活动中心，定期举办文化讲座、艺术展览和民俗表演，不仅能丰富村民的精神生活，还能对外展示村落的文化魅力，促进文化交流与传播。同时，建立公共休闲设施，如公园、广场和体育场地，为村民提供休闲娱乐的空间，增强社区凝聚力。

（二）培育村落特色产业，开发多样旅游项目

培育村落特色产业，开发多样旅游项目，是巴蜀地区传统村落转型升级、实现经济多元化的重要途径。这一过程须紧密结合村落自身资源禀赋与文化特色，精心策划，细致实施。基于巴蜀地区丰富的自然资源和深厚的文化底蕴，村落可以重点发展生态农业、特色手工艺和文化旅游三大特色产业。在生态农业方面，利用传统农耕智慧与现代农业科技相结合，种植具有地方特色的农作物，如茶叶、中药材、特色果蔬等，发展绿色有机农业，同时探索农产品深加工，提升附加值。特色手工艺则可以依托于村落世代相传的手艺，如竹编、陶艺、刺绣等，通过培训和创新设计，提升产品品质和市场竞争力，打造品牌效应。文化旅游则是巴蜀地区的一大亮点，村落可围绕自身独特的自然景观、历史遗迹和民俗风情，开发多样旅游项目。比如，组织农事体验活动，让游客亲手参与种植、采摘、制作传统食品，感受田园生活的乐趣；举办民俗文化节，展示传统服饰、音乐、舞蹈，讲述村落故事，增强游客的文化体验深度；开发徒步、骑行、摄影等生态旅游线路，引导游客深入自然，享受巴蜀山水之美；设置互动式博物馆或文化工作坊，可以让游客亲身体验传统工艺制作，深入了解巴蜀文化。为了确保旅游项目的成功，村落还需注重旅游服务的品质提升，

包括提供舒适安全的住宿、美味地道的餐饮、专业友好的导游服务，以及便捷的信息咨询等，构建一站式旅游服务体系。

（三）设立文化体验中心，开展民俗节庆活动

设立文化体验中心与开展民俗节庆活动是振兴与推广地方传统文化的重要形式，尤其对于巴蜀这样的历史文化重镇而言，其意义更是深远。首先，文化体验中心作为静态的文化展示平台，它集纳了地方历史、民俗、艺术、手工艺等多元文化元素，通过生动的实物展示、互动体验项目以及专业讲解，能够为游客和本地居民提供一个深入了解巴蜀文化精髓的窗口。这种沉浸式的文化体验不仅能够增强民众的文化自信与自豪感，同时也为外来游客提供一种亲近和了解巴蜀文化的直观方式，从而激发游客对当地文化的兴趣与探索欲。其次，民俗节庆活动则是动态的文化展示舞台，它以更加鲜活、互动的形式呈现巴蜀的风土人情。无论是春节期间的舞龙舞狮、元宵节的猜灯谜，还是端午节的龙舟竞渡、中秋节的赏月诗会，都承载着丰富的文化内涵，也充满了欢乐与仪式感。通过参与这些活动，游客可以亲身体验巴蜀文化的魅力，感受其深厚的历史积淀和独特的地域风情。更重要的是，民俗节庆活动往往能吸引大量游客，带动当地的旅游经济，促进文化与经济的良性循环，为村落乃至整个地区的可持续发展注入活力。因此，文化体验中心与民俗节庆活动相辅相成，前者为后者提供丰富的文化素材和背景知识，后者则通过具体的实践和体验，使前者所承载的文化价值得以生动展现和广泛传播。二者共同构建了一个立体、全面的文化传承与推广体系，不仅有助于巴蜀地区文化遗产的传承，也为村落的更新与发展提供可能。

（四）着重发展绿色农业，循环经济拉动发展

发展绿色农业与循环经济，是巴蜀地区传统村落实现可持续发展、推动产业升级的重要策略。这一理念的核心在于，通过科学管理

和技术创新，构建一个既高效又环保的农业生态系统，同时促进资源的循环利用，实现经济效益、生态效益和社会效益的三赢局面。其中，绿色农业的实践，首先体现在种植业上。巴蜀地区拥有得天独厚的自然条件，适宜发展生态农业、有机农业。通过采用绿色防控技术、生物肥料和农药替代化学制品，不仅减少了对环境的污染，也生产出了更加健康、安全的农产品，满足了消费者日益增长的绿色食品需求。同时，通过合理轮作、间作套种等农艺措施，可以有效提高土地利用率，保持土壤肥力，实现农业生产的可持续性。其次在畜牧业方面。绿色农业倡导生态养殖，重视动物福利，采用无抗养殖技术，减少抗生素使用，保证畜产品的质量安全。通过建立粪污处理设施，将畜禽粪便转化为有机肥料，既解决了环境污染问题，又为作物提供了天然养分，形成了农业生态链的闭合循环。例如，利用秸秆发酵产生的沼气用于农户生活用能，剩余的沼渣、沼液则作为优质的有机肥料施用于农田，形成"种—养—加—能"一体化的农业循环经济模式。此外，村落可以通过发展农产品深加工，延长产业链条，提高农产品的附加值，如将新鲜水果加工成果汁、果干，将茶叶加工成各种茶饮料，既增加了农民收入，也更好地促进了地方经济的多元化发展。

（五）促进村落农旅结合，强化村落经济功能

促进村落农旅结合，强化村落经济功能，是巴蜀地区传统村落转型升级、实现可持续发展的关键路径。其中，农业体验旅游是农旅结合的重要形式之一，它将农业生产活动、农事体验、乡村生活与旅游观光融为一体，让游客在参与农事活动、品尝农家美食、住进乡间民宿的过程中，深度体验乡村的魅力。巴蜀地区的传统村落拥有丰富的农耕文化资源，如稻田插秧、茶叶采摘、中药采挖等，这些都是极具吸引力的体验项目。通过精心设计和包装，这些活动不仅能够吸引城市居民前来体验乡村生活，感受农耕文化的乐趣，还能有效延长游客

的停留时间，增加旅游消费，从而为村落带来直接的经济效益。同时，巴蜀地区传统村落的特色农产品，如绿茶、花椒、柑橘等，是农旅结合的另一大亮点。通过发展农产品深加工，如制作茶叶、腌制辣椒、酿制果酒等，巴蜀地区的传统村落不仅可以提高农产品的附加值，还能丰富旅游商品的种类，满足游客的购物需求。此外，村落还可以结合现代电商渠道，如直播带货、线上商城等，将这些特色农产品推向更广阔的市场，实现线上与线下联动销售，进一步提升村落的经济收益。因此，通过促进村落农旅结合，巴蜀地区传统村落不仅能够实现经济功能的强化，还能在保护和传承文化遗产的基础上，促进乡村文化的复兴，提升村落的综合竞争力。

（六）筹办研学实践活动，提升村落教育功能

筹办研学实践活动，提升村落教育功能，是巴蜀地区传统村落深化文化传承、促进地方经济发展与人才培养的重要举措。其策略旨在将村落独特的自然景观、文化遗产、农业资源和民俗风情转化为教育资源，吸引学生、教师和教育机构来到村落进行实地学习和研究，不仅能够丰富教育内容，也能够带动村落的经济与文化活力。具体而言，巴蜀地区的研学实践活动可以涉及自然生态教育、农耕文化体验、历史文化考察、民俗节庆体验、科技创新与应用等方面。而且为了更好地支持研学实践活动，村落可以建设专业的研学基地，包括教室、实验室、宿舍、餐厅等设施，确保学生的学习、生活安全。基地的运营可以采取合作模式，与教育机构、旅行社、科研单位等建立长期合作关系，共同开发课程，提供专业指导，确保研学活动的质量和效果。因此，筹办研学实践活动是提升巴蜀地区传统村落教育功能的有效途径，它不仅能够丰富学生的课外学习经历，培养他们的实践能力和人文素养，还能促进村落文化的传承与创新，推动地方经济的繁荣。

二 规划更新：空间布局与基础设施更新

（一）充分利用核心节点，实现功能适度转化

巴蜀地区传统村落的规划更新中，可以充分利用核心节点，实现功能适度转化，这是提升村落活力与魅力的关键步骤。村落的核心节点，如宗祠、老街、古桥、古树等，往往是历史与文化的积淀之处，承载着村民的情感与记忆。通过精心规划与适度改造，这些节点可以焕发新生，成为村落更新的引擎。首先，村落中的历史建筑如宗祠、旧学堂，可以转化为文化展示中心或社区活动中心。比如宗祠内可以设立村史馆，展示村落的发展历程、重要事件与杰出人物，不仅为村民提供一个回顾历史、增强文化认同感的场所，也能吸引游客，成为村落文化宣传的窗口。而旧学堂则可以改造为图书室或儿童活动中心，延续其教育功能，同时融入现代教育理念，如 STEM 教育、艺术创作等，为孩子们提供一个寓教于乐的成长空间。其次，老街作为村落商业与社交活动的中心，可以通过修复与美化，恢复其往日繁华；还可以引入特色小店、手工艺品店、茶馆等，既保留传统商业气息，又融入现代元素，如咖啡馆、创意工作室等，吸引年青一代的目光。再次，传统村落还可以结合生态教育，如设立自然观察点、开展鸟类观察活动等，既能提升公众的环保意识，也能增强村落的教育功能。最后，村落核心节点的更新不应孤立进行，而应与村落整体规划相协调，形成有机联系，从而实现整个村落空间布局的更新与发展。

（二）规划主要公共空间，满足村落人流需求

村落的公共空间，如广场、市场、街道、绿地等，不仅是村民日常生活的舞台，也是村落文化和社区活动的中心。合理规划和设计这些空间，不仅能够提升村落的美观度和舒适度，还能促进村民之间的

交流与互动，增强村落的凝聚力和活力。① 一方面，村落广场通常是村落的中心地带，是村民聚会、庆祝节日、举办集市的重要场所。规划时应充分考虑广场的规模、布局和功能。其一，广场应足够宽敞，以便容纳大型的社区活动和节日庆典，同时设有足够的座位和遮阳设施，满足不同天气条件下的使用需求。其二，广场的设计应融入当地文化和历史元素，如设置雕塑、壁画、喷泉等装饰，营造出浓郁的地方特色和艺术氛围。另一方面，市场作为村落经济活动的中心，其规划应兼顾实用性与便捷性。市场内部应合理划分摊位，确保商品分类清晰，便于顾客寻找和购买。同时，市场周边应有充足的停车位和公共交通站点，方便村民和外来游客的进出。为了提升市场的吸引力，可以定期举办特色农产品展销、手工艺品市集等活动，将市场打造成展示村落文化与经济活力的窗口。另外，村落中的绿地和休闲区是居民放松身心、亲近自然的场所。规划时应充分利用自然地形，如小山丘、溪流、林地，创建多层次的绿化景观。设置步行道、座椅、健身器材等设施，满足不同年龄段居民的休闲需求。同时，可以结合当地特色，如设置茶座、书吧、儿童游乐场等，为居民提供多样化的休闲选择。

（三）尊重原本村落肌理，合理规划居住空间

在巴蜀地区的传统村落更新中，尊重原本村落肌理，合理规划居住空间是一项核心原则，旨在保护和延续村落的历史文脉，同时改善居民的生活质量。村落肌理指的是村落的空间结构、建筑风格、街巷布局以及与自然环境的关系，它承载着村落的记忆与灵魂，反映了村落的发展历程和地域特色。其中，村落中的古建筑、祠堂、庙宇等历史遗迹是村落肌理的重要组成部分，它们不仅具有美学价值，还承载

---

① 曹晓薇、翟俊：《日常生活视角下传统村落公共空间保护更新研究——以陆巷古村为例》，《建筑与文化》2024 年第 5 期，第 178~181 页。

着丰富的文化内涵。在更新过程中，应采用"修旧如旧"的原则，对这些历史建筑进行修复和保护，尽量保留原有的材料、工艺和装饰，让其成为村落记忆的活化石。同时，新建筑的设计也应与传统风貌相协调，避免突兀的现代元素破坏村落的整体美感。在保证村落整体风貌的前提下，巴蜀地区的传统村落可以对居住空间进行适度的现代化改造，这是提升居民生活质量的关键。其中包括优化住宅的平面布局，增设必要的生活设施，如独立卫生间、厨房、储藏室等，提高住宅的实用性和舒适度。而且村落的居住空间规划还应考虑到促进邻里之间的交往与社区的融合。这可以通过设计共享的公共空间，如庭院、露台、活动室，鼓励居民间的互动与合作。可以说，尊重村落原有肌理，合理规划居住空间，是在巴蜀地区传统村落更新中实现文化遗产保护与居民生活改善双赢的重要途径。

（四）设立生态缓冲区，维护村落生态平衡

设立生态缓冲区是维护巴蜀地区传统村落生态平衡的重要策略之一，其做法旨在通过科学规划和管理，保护村落周边的自然环境，减少人类活动对生态系统的负面影响，同时促进生物多样性的保护和恢复。一般而言，生态缓冲区位于村落与自然保护区、森林、河流等敏感生态区域之间，形成一道绿色屏障，既能防止污染扩散，又能维持生态系统的健康运行。对于生态缓冲区而言，其能够吸收和过滤来自村落的污染物，如农业化肥、生活污水等，减轻对敏感生态区域的影响。植被覆盖可以有效拦截悬浮颗粒物，而土壤则能吸附和分解有害化学物质，从而净化水质和空气。对此，在设立生态缓冲区前，需要对村落周边的生态环境进行详细的调查和评估，确定关键的生态敏感区域和重要物种分布，以此为基础制定生态缓冲区的范围和管理措施。可以说，通过科学规划和社区参与，生态缓冲区能够成为连接人与自然的桥梁，让村落与周围环境和谐共生，共同营造一个健康、美

丽的生态环境。

（五）升级村落交通网络，便于村落物流发展

升级村落交通网络是推动巴蜀地区传统村落物流发展、促进乡村经济振兴的关键环节。随着农村电商的兴起和农产品市场化的加速，物流的重要性日益凸显。高效的物流系统不仅能够将农产品迅速、安全地送达消费者手中，还能有效降低运输成本，提升产品竞争力，为村落经济注入新的活力。首先，交通网络的升级应从基础设施着手，这包括道路的修缮与扩建，以及桥梁、隧道等重要节点的建设。道路作为物流的"血管"，其状况直接影响物流效率和安全性。因此，对破损的道路进行修复，对狭窄的道路进行拓宽，对崎岖不平的道路进行平整，都是必不可少的工作。其次，物流节点的建设同样重要。在传统村落周边或内部设立物流集散中心，不仅可以集中处理农产品的分拣、包装和初步加工，还能作为快递、货运的中转站，大大提升物流响应速度。这些集散中心应配备现代化的仓储设施和冷链物流设备，以保证易腐农产品的新鲜度，同时利用物联网技术实现库存的实时监控，减少物流过程中的损耗。再次，为了适应新时代的要求，村落交通网络的升级还需融入智慧化元素。比如，利用大数据分析预测物流高峰期，合理调度运输资源；借助无人机、无人车等先进技术探索"最后一公里"配送方案，解决偏远地区配送难题；通过区块链技术保证物流信息的真实性和可追溯性，增强消费者信任。最后，交通网络的升级不应忽视安全，这就使得村落要加强交通安全设施建设，如设置清晰的交通标识、安装监控摄像头、定期开展驾驶员安全培训等，确保物流运输的安全可靠。

（六）持续修缮基础设施，实现村落持续发展

持续修缮基础设施是实现巴蜀地区传统村落持续发展的基石。村落的基础设施，包括供水供电系统、通信网络、教育医疗设施等，直

接关系到村民的生活质量和村落的经济发展潜力。随着时间的推移，这些基础设施会因自然磨损、灾害影响或技术进步而逐渐老化或过时，如果不及时修缮和更新，将严重影响村落的正常运转和社会经济发展。例如，定期检查和维护水管线路，及时更换老化的电线电缆，不仅可以预防漏水漏电事故，还能确保水资源的清洁和电力的充足供应。特别是在山区村落，水资源保护和电力设施的防雷防洪措施尤为重要，须定期进行专业检测和加固，以应对可能的自然灾害；定期对道路进行平整、修补坑洼，对桥梁进行承重检测和防腐处理，可以延长其使用寿命，保障村民出行的安全和便捷。特别是在雨季或雪季，传统村落应及时清理路面积水积雪，设置警示标志，确保交通顺畅。总之，持续修缮基础设施是保障巴蜀地区传统村落持续发展的必要条件。通过定期维护和适时升级，可以不断提升基础设施的服务能力，满足村民日益增长的美好生活需要，为村落的经济社会发展奠定坚实基础。

三　美学更新：打造主题特色的村落风格

（一）打造地域特色的绿色生态景观

在巴蜀地区传统村落的美学更新中，打造地域特色的绿色生态景观是至关重要的一步。这一策略的核心在于深入挖掘并充分利用当地独特的自然条件和生态资源，创造一个既符合巴蜀风情又能体现可持续发展理念的绿色生态空间。首先，传统村落要对村落周边的山林、水系、湿地等自然资源进行科学评估与合理规划，恢复被破坏的生态环境，如修复受损的河岸、保护珍稀植物种群，以及重建生物多样性丰富的生态走廊。这不仅能提升村落的自然美景，也能为当地居民和游客提供亲近自然、感受生态之美的机会。[①] 其次，村落内部及周边

---

① 郭晶、王宇阳、李琴：《生态美学视域下艺术介入传统村落可持续发展研究——以云南城子古村为例》，《城市建筑》2023 年第 10 期，第 5~8 页。

可以设计一系列绿色休闲空间，如生态公园、绿色步道、观赏花园等，这些空间既要融入村落的整体景观，也要满足人们休闲娱乐的需求。例如，可以利用村头的空地建设小型的生态花园，种植当地特色花卉与树木，不仅能美化村落环境，还能为村民提供日常散步、休闲的好去处。最后，巴蜀地区还可以在村落中开辟生态农田，种植季节性作物，既能丰富村落的景观层次，也能促进生态循环和食物链的健康发展，展现人与自然和谐共存的美好图景。通过以上措施的综合实施，巴蜀地区传统村落能在保护自然环境的同时，提升村落的美学价值和文化吸引力，为村落的可持续发展奠定坚实的基础。

（二）融入文化创意与艺术设计装置

在巴蜀地区传统村落的美学更新中，融入文化创意与艺术设计装置是另一种有效提升村落文化内涵与营造艺术氛围的方法。该方法旨在通过现代艺术与传统文化的碰撞与融合，赋予传统村落新的生命力，使其成为充满创意与个性的文化地标。首先，村落可以创作反映巴蜀文化的艺术装置，如雕塑、壁画、装置艺术等，将蜀绣、川剧脸谱、茶文化等元素融入其中，既美化村落环境，又传播和弘扬地方文化。例如，在村落入口处设置一组大型的蜀绣主题雕塑，用金属丝线勾勒出细腻的蜀绣图案，展现巴蜀人民的精湛工艺和对美的追求。其次，对传统建筑进行创意性的改造，保留其原始结构与风貌的同时，加入现代艺术元素，使其焕发新生。比如，将老宅的外墙重新粉刷，绘制上具有巴蜀特色的彩绘，或者在屋顶上安装风铃和风车，它们发出悦耳的声音，随风旋转，增添一份灵动与趣味。再次，定期邀请艺术家和设计师到村落进行艺术驻留，与当地居民互动交流，共同创作反映村落生活与自然景观的艺术作品。这些作品可以是临时的公共艺术项目，也可以是永久性的景观装置，它们不仅能美化村落环境，也能成为吸引游客的独特景点。比如，艺术家可以利用村落废弃的陶罐和瓦片，创作出富有诗意的装置艺术，讲述村落的历史变迁和生活故事。此外，结合村落的特色文化，开发一系列文创产品，如手工制品、艺术衍生品等，它们既能作为村落的纪念品，也能带动当地的经济发展。最后，村落可以定期举办文化节庆与艺术节，邀请艺术家、设计师、音乐家等参与，通过展览、表演、工作坊等形式，展示村落的文化魅力和艺术创新成果，吸引更多的游客和艺术爱好者前来参观，进一步提升村落的知名度和影响力。

（三）现代生活设施与美学设计相结合

在巴蜀地区传统村落的改造与升级过程中，将现代生活设施与美学设计相结合是一项关键策略。这不仅仅是为了提升村民的生活质量，满足现代生活的需要，更是为了在尊重和保护传统风貌的基础上，创造一个舒适、美观、功能齐备的居住与旅游环境。比如可以使用当地石材和木材建造房屋，外墙涂以天然矿物颜料，既美观又环保。屋顶上安装的太阳能板采用隐蔽式设计，不破坏建筑的整体美感，而绿色屋顶则能降低室内温度，减少能源消耗，同时也为村落增添一抹绿意。同时，村落内的公共设施，如路灯、座椅、垃圾桶等，应采用美观且实用的设计，既方便村民和游客使用，又能与村落的美学风格相融合。比如路灯可以设计成竹子或蜀葵花的形状，夜晚时分，灯光透过精心设计的灯罩，投射出柔和而富有诗意的光影。座椅和垃圾桶可以采用原木材质，表面雕刻有巴蜀地区的传统纹样，既实用又具有观赏性。另外，为了满足游客的需求，村落可以开设一些具有巴蜀风情的民宿和餐厅，内部装修既保留传统元素，又融入现代设计理念，营造出温馨舒适的居住与用餐环境。例如，民宿的客房可以布置得如同传统的川西民居，但配备现代化的家具和家电，如舒适的床铺、智能电视、高速 Wi-Fi 等。最后，村落内可以规划一些休闲娱乐区域，如花园、步道、儿童游乐场等，让游客在享受自然美景的同时，也能放松身心，增进亲子关系。例如，可以修建一条环绕村落的生态步道，沿途种植各种本地植物，设置观景台和休息亭，供人驻足欣赏风景。通过上述措施的实施，巴蜀地区传统村落不仅能够提供更加舒适、便利的现代生活体验，还能在保留传统文化精髓的基础上，展现出与时俱进的美学品位，吸引更多的游客前来体验。

（四）注重村落中建筑结构的颜色搭配

在巴蜀地区传统村落的保护与发展中，注重村落中建筑结构的颜色搭配是一项至关重要的工作。合理的颜色搭配不仅能增强村落的视觉美感，还能反映出村落的文化底蕴，提升其艺术价值和吸引力。巴蜀地区的传统建筑色彩通常较为质朴，多使用土黄、灰白、深棕等自然色调，这些色彩与周围环境和谐统一，给人以宁静、古朴的感觉。在村落的改造与维护中，应当尽量保留这些传统色彩，避免使用过于鲜艳或突兀的颜色，以免破坏村落的整体氛围。除了保留传统色彩外，村落还可以根据自身的具体位置和历史背景，适当引入一些代表地方特色的色彩。例如，靠近水边的村落可以使用更多的蓝色和绿色，象征着清澈的水流和茂盛的植被；位于山区的村落则可以增加一些温暖的红色和橙色，体现山地的热情与活力。同时，村落的色彩搭配还应考虑到季节的变化，让村落的色彩随四季更替而有所调整，营造出不同的视觉效果和情感体验。例如，春季可以增加一些粉红、嫩绿等生机勃勃的色彩，夏季则可使用清凉的蓝绿色调，秋季宜用金黄、橙红等暖色调，冬季则以白色、灰色为主，营造雪景的纯净感。在进行颜色搭配时，既要注重色彩之间的对比，也要追求色彩之间的和谐。对比可以突出重点，增强视觉冲击力，如使用深色与浅色、冷色与暖色的对比；和谐则能让整个村落看起来更加统一和舒适，如使用同一色系的不同色调，或者按照色彩理论中的"色轮"原理进行搭配。另外，夜间照明也是展示村落色彩魅力的重要手段。可以采用暖色调的灯光照亮村落的主要道路和标志性建筑，使用彩色 LED 灯装饰树木和水体，营造出梦幻般的夜景。

（五）强化村落特色景观的视觉冲击力

强化村落特色景观的视觉冲击力是提升村落吸引力和辨识度的关键策略。巴蜀地区传统村落因其独特的地理环境、丰富的历史文化及多样的民俗风情，拥有众多特色景观。通过精心规划和巧妙设计，可以进一步凸显这些景观的独特魅力，吸引游客的目光，给游客留下深刻印象。巴蜀地区的传统村落可以充分利用自然资源，如高山、峡谷、河流、瀑布、温泉等，通过修建观景平台、栈道、索桥等设施，让游客能近距离感受大自然的壮丽。同时，利用光影效果，如在特定时间点利用日出、日落的光线，或通过人工灯光照明，增强自然景观的层次感和神秘感。而且村落中的古建筑、石刻、壁画等历史遗迹是宝贵的文化遗产，它们承载着村落的历史记忆。村落可以通过专业的保护和修复工作，恢复这些遗迹的原貌，使其成为村落景观的重要组成部分。同时，村落还能设置解说牌或互动装置，讲述每个遗迹背后的故事，增强游客的参与感和兴趣。可以说，无论是自然环境还是历史建筑，传统村落在保护与更新过程中都能够在较大程度上发挥村落特色优势，由此来创造较强的视觉冲击力，从而更好地打造村落的记忆点，让巴蜀地区传统村落的特色景观焕发出更加夺目的光彩，成为吸引游客、传承文化、推动乡村旅游发展的有力引擎。

（六）传统文化与村落建筑风格全面融合

在巴蜀地区的传统村落中，传统文化与村落建筑风格全面融合不仅是对历史的尊重，也是对未来的创新。这种融合不仅仅体现在建筑的外观上，更深入空间布局、材料选择、装饰细节以及功能设置等多个层面，旨在创造出既具有地域特色又符合现代生活需求的居住和公共空间。首先，巴蜀地区的传统建筑，如吊脚楼、四合院、川西民居等，都蕴含着深厚的文化底蕴和生态智慧。在新建或改造村落建筑时，应充分借鉴这些传统建筑的特点，如依山傍水的选址原则、木构架结构、坡屋顶设计、通风采光的布局等，使新建筑与周围环境和谐共生，同时也展现出浓厚的地域特色。其次，巴蜀地区传统村落在建设与发展过程中，可以使用本土材料与传统工艺。本土材料如青砖、灰瓦、竹子、木材等，不仅体现地方特色，而且具有良好的环保性能。采用本土材料和传统工艺，如榫卯结构、雕花窗棂、泥塑墙画等，不仅能减少运输成本，降低环境污染，还能保持建筑的原汁原味，让传统文化在细节中得以传承。

四　文化更新：特色文创来助力村落发展

（一）挖掘村落文化基因，打造特色 IP

在探索巴蜀地区传统村落文化更新的路径中，挖掘村落文化基因，将其凝练成独具魅力的特色 IP，是实现村落文化与经济发展双赢的关键举措。其中，文化基因的挖掘始于对村落历史、民俗、艺术、手工艺等全方位的深度调研。通过走访老一辈村民、查阅地方志、收集民间故事和传说，从中甄选出最具代表性与感染力的文化元素，这些元素往往承载着村落的精神内涵和历史记忆。一旦确定了文化基因，下一步便是对其进行提炼和包装，形成易于传播的 IP 故事。这包括为村落设计一个鲜明的品牌形象，比如结合当地的自然风光、历史典故或传统艺术，创造一个寓意深远、引人入胜的品牌故事。如今，在传统与现代的交会点上，传统村落特色 IP 的打造不应局限于传统形式，而是要大胆创新，寻求与现代设计、数字媒体、时尚潮流等领域的跨界融合。通过现代设计语言重新诠释传统图案，利用数字技术再现古老技艺，甚至与时尚品牌合作推出联名产品，让传统村落的文化基因以全新的面貌走进大众视野。另外，特色 IP 的打造是一个长期的过程，需要通过持续的内容产出、市场营销和品牌建设来不断巩固和扩大其影响力。

（二）文创产品开发，激活乡村经济

在巴蜀地区传统村落的文化更新与经济发展中，文创产品的开发扮演着至关重要的角色。通过将村落的特色文化与现代设计和市场需求相结合，不仅能够激活乡村经济，还能促进文化的传承与创新。首先，深入挖掘村落的传统手工艺，如蜀绣、竹编、陶艺等，这些技艺蕴含着丰富的文化价值和艺术魅力。通过现代设计手法对其进行再创作，赋予传统工艺新的生命力。例如，将蜀绣图案应用于现代服饰、家居用品或电子产品外壳上，不仅能保留传统美感，也能满足现代审美的需求。其次，传统村落可以融合地方特色，打造差异化产品。比如结合村落的地理位置、自然景观和人文故事，开发具有地域特色的文创产品。例如，利用巴蜀地区丰富的茶叶资源，设计具有文化内涵的茶具套装，或是将村落的山水风光印制于明信片、日历之上，形成一套具有收藏价值的旅游纪念品。这样的产品不仅能够吸引游客购买，还能作为文化使者，将村落的故事传播至远方。同时，为了扩大文创产品的影响力和销售范围，村落应积极与设计师、艺术家、电商平台以及旅行社等建立合作关系。

（三）艺术介入，提升村落美学品质

在巴蜀地区传统村落的文化更新进程中，艺术介入不仅能够提升村落的美学品质，还能促进村落文化的活化与再生。艺术作为一种跨文化的语言，能够跨越时空的界限，连接过去与未来、传统与现代。[①]首先，传统村落的公共艺术项目可以更好地重塑村落空间。例如，可以邀请国内外艺术家参与村落的公共空间改造，如街道、广场、废弃

---

① 李正军、吴非洪：《艺术介入传统村落文化保护与人居环境更新的路径与实践》，《农村科学实验》2024 年第 6 期，第 16~18 页。

建筑物等。艺术家们可以利用壁画、雕塑、装置艺术等形式，将村落的历史故事、自然风光、民俗文化等元素融入作品之中，创造出具有强烈视觉冲击力和文化共鸣的艺术景观。这些作品不仅能美化村落环境，还能够成为吸引游客的亮点，提升村落的知名度。其次，传统村落可以设立艺术工作坊，邀请艺术家与当地居民特别是青少年进行互动交流，在传授传统技艺的同时，鼓励创新实验。工作坊可以涉及绘画、雕塑、音乐、舞蹈、戏剧等多种艺术形式，通过实践教学，激发村民的创造力，提升村民的审美能力和艺术鉴赏力。这种跨代际、跨文化的学习与创作，有助于村落文化的传承与创新。另外，村落还能定期举办艺术节或文化展览，为村落的艺术创作提供展示窗口。艺术节可以涵盖各类艺术形式，如现场表演、艺术品展览、手工艺市集等，吸引来自各地的艺术家、游客和媒体参与。通过举办艺术节，村落能够对外展示其独特的文化魅力，同时也能为艺术家提供相互交流、合作的机会，促进村落与外界的对话与理解。

（四）举办文化节庆，增强文化体验

为了进一步推动巴蜀地区传统村落的文化更新，举办丰富多元的文化节庆活动是一项至关重要的策略。文化节庆不仅能够展现村落的独特魅力，增强游客的文化体验，还能促进村民之间的凝聚力，激发村落的内在活力。例如，村落可以开展特色手工艺市集，展示村落的传统手工艺品，如刺绣、陶瓷、竹编、木雕等。邀请手工艺人现场演示制作过程，游客不仅可以购买到独一无二的手工艺品作为纪念品，还可以亲手尝试制作，体验手工艺的魅力。这种沉浸式体验不仅能够增强游客的文化体验，还能促进手工艺品的销售，增加村民的经济收入。再如，村落可以组织夜游活动，利用灯光、音乐、影像等手段，营造神秘而浪漫的夜晚氛围。游客可以在导览员的带领下，漫步于村落的小巷、庭院之间，欣赏夜间独有的美景，聆听村落的历史传说，

感受不同于往日的宁静与深邃。村落夜游不仅能够提供全新的文化体验，还能延长游客的停留时间，带动村落夜间经济的发展。

（五）重视教育培训，培养文创人才

在推动巴蜀地区传统村落的文化更新过程中，重视教育培训与培养文创人才扮演着至关重要的角色。这不仅仅关乎村落文化的传承与发展，更是提升村落经济活力、促进社会和谐的关键所在。比如可以在村落内设立文创教育基地，与当地学校、艺术机构合作，开设一系列与巴蜀文化相关的特色课程。这些课程可以涵盖传统艺术、手工艺、民俗研究、村落历史等多个领域，旨在系统地传授文化知识，激发学生的兴趣与创造力。同时，邀请村内外的专家、艺术家定期开展讲座和工作坊，分享他们的经验和见解，拓宽学生们的视野；或者建立一个线上与线下的文化交流平台，定期举办文创沙龙、论坛和展览，邀请国内外的文创人才、学者和行业专家参与，分享前沿理念和成功案例。通过这种形式的交流，村落不仅能够促进知识与经验的共享，还能激发更多创新灵感，形成良好的学习与创新氛围，为文创产品的展示与发展提供更多的机会。

五　数字更新：用智慧村落宣传旅游资源

（一）建立智慧旅游平台，一站式服务游客

在巴蜀地区传统村落的文化旅游发展中，建立智慧旅游平台已成为提升游客体验、优化村落管理、促进经济发展的重要手段。智慧旅游平台通过整合村落的旅游资源和服务，为游客提供从信息查询、行程规划到在线预订、智能导览等一系列便捷服务，真正实现一站式服务游客。游客可以通过平台获取村落的详细信息，包括历史背景、文化特色、景点介绍、住宿餐饮、手工艺品等；平台应设有分享功能，鼓励游客上传游记、照片和评价，形成口碑效应，吸引更多潜在游客；

平台还应提供智能行程规划工具，根据游客的兴趣和时间安排，推荐个性化的旅游路线。游客也可根据自己的需求，定制行程，包括景点选择、餐饮预订、活动安排等，实现高度个性化的旅游体验；通过GPS定位技术和移动应用，平台提供智能导览服务，游客只需打开手机应用，即可获得实时的位置信息、景点解说、路线指引等。① 可以说，智慧旅游平台的建立对于巴蜀地区传统村落而言，既是提升旅游服务质量的有力工具，也是推动村落文化传承与经济发展的关键举措。

（二）利用社交媒体进行营销，扩大影响力

在当今数字化时代，社交媒体成为信息传播与文化交流的重要平台。对于巴蜀地区传统村落而言，有效地利用社交媒体进行营销，不仅能够提升村落的知名度，吸引更多的游客和文化爱好者，还能促进村落文化的传承与创新。首先，村落应创建并维护官方的社交媒体账号，如微博、微信公众号、抖音、小红书等，定期发布村落的最新动态、文化活动、特色景观和游客故事。通过高质量的内容输出，建立村落的品牌形象，吸引粉丝关注和互动。而宣传内容是社交媒体营销的核心。村落应制定一套系统的内容营销策略，比如讲述村落的历史故事、民俗文化、传统手工艺等，以故事的形式传递村落的文化价值；发布高质量的照片、视频，尤其是村落的自然风光、人文景观和日常生活的瞬间，利用视觉冲击力吸引观众；或者发起话题讨论、挑战赛、在线问答等活动，鼓励用户参与互动，提升账号的活跃度和粉丝黏性等。其次，村落还可以根据目标受众的特点，精准投放广告，提高内容的曝光率，以此来扩大村落的社会影响力。

（三）开展虚拟现实游览，预览村落风光

在数字化浪潮下，虚拟现实技术正以前所未有的方式改变着我们

---

① 张帅、许刚、薛振兴等：《智慧旅游赋能无锡严家桥传统村落保护与开发研究》，《智能建筑与智慧城市》2023年第12期，第54~57页。

探索世界的方式。对于巴蜀地区那些隐匿于山林之间、历史悠长的传统村落而言，VR 技术的应用不仅仅是科技的革新，更是一次文化与现代科技的深度对话，它能为人们提供一个前所未有的视角，去感受和体验村落的独特魅力。通过高精度的 3D 建模和逼真的环境渲染，VR 技术能够复刻村落的每一个角落，从蜿蜒曲折的石板路到古色古香的木构建筑，从田野间的稻浪翻滚到山间清泉的潺潺流水。用户只需戴上 VR 头显，便能身临其境地漫步于村落之中，仿佛穿越时空，与过往的岁月对话。VR 技术不仅仅局限于静态的风景展示，它还提供了丰富的互动元素。例如，在游览过程中，用户可以通过手势或者语音指令，深入了解某些建筑的历史背景，或是学习一项传统手工艺的制作过程。这种互动式的学习体验，既能增加游览的乐趣，也能促进村落文化的传承与教育。因此，开展虚拟现实游览，巴蜀地区的传统村落不仅能够吸引更多的关注，促进当地旅游业的发展，还能在全球范围内传播和弘扬中华优秀传统文化，实现经济与文化的双重丰收。

（四）智能数据分析，精准营销策略

在大数据与人工智能飞速发展的今天，智能数据分析已经成为现代营销不可或缺的一部分。对于巴蜀地区传统村落而言，利用智能数据分析，可以实现更加精准的营销策略，不仅能够有效提升村落的知名度，吸引更多的游客，还能促进村落文化的传播与经济的发展。具体而言，智能数据分析可以涉及以下几个方面。一是用户画像构建。通过收集和分析社交媒体、旅游网站、在线评论等多源数据，构建详细的用户画像。了解游客的年龄、性别、兴趣爱好、旅行偏好等信息，可以更准确地定位目标市场，制订有针对性的营销计划。二是利用机器学习算法，分析游客的行为模式，预测未来的旅游趋势。这有助于村落提前做好准备，优化资源配置，比如在预测到游客流量高峰期后，

加强基础设施建设，提高接待能力。[①] 同时，传统村落通过对游客行为的预测，当地可以适时推出促销活动，比如淡季优惠，吸引游客在非高峰时段来访，平衡全年游客分布。三是个性化内容的推荐。基于用户画像和行为预测，当地的智能推荐系统能够为不同用户提供个性化的内容推荐。无论是村落的历史故事、特色活动，还是住宿餐饮的选择，都能根据用户的兴趣和偏好进行定制化推送，提升游客的参与度和满意度。四是跨平台整合营销。传统村落可以利用智能数据分析来实现跨平台的整合营销，确保信息的一致性和连贯性。无论是社交媒体、官方网站，还是 OTA（在线旅行社）平台，都能根据用户的行为数据，推送最相关的信息，形成无缝的用户体验。这种全方位、多触点的营销策略，能够显著提升村落的市场渗透率和品牌忠诚度，共同推动巴蜀地区传统村落的可持续发展。

（五）智慧导览系统，提升游览体验

在数字化时代，智慧导览系统的应用为巴蜀地区传统村落的旅游体验带来了革命性的变化。首先，这一系统能够提供精准的位置服务，游客只需通过手机或平板电脑上的应用程序，就能轻松获取所在位置信息，以及周边景点的详细介绍，大大减少寻找目的地的时间和精力，使游览过程更加顺畅。其次，智慧导览系统内置的语音解说功能，能够以多语言形式讲述每个景点的历史背景、文化故事和建筑特色，不仅能丰富游客的知识面，也能加深游客对巴蜀文化的理解和感悟。再次，该系统还具备实时互动功能，游客可以通过系统参与在线问答、虚拟现实体验等活动，与当地的文化和历史进行更深层次的交流，能极大地提升游览的趣味性和参与感。最后，智慧导览系统还能根据游客的兴趣偏好，智能推荐个性化的游览路线和周边餐饮、住宿等服务，

① 范勇、李玄、肖文杰：《深度学习与特征参数结合的人工智能辅助传统村落保护规划探索》，《中国建设信息化》2024 年第 5 期，第 68~73 页。

帮助游客规划出最符合个人需求的旅行计划，让每一次旅行都成为一次难忘的文化探索之旅。同时，系统收集的游客反馈和行为数据，也能为传统村落的管理者提供宝贵的市场洞察，有助于他们不断优化服务内容，提升服务质量，吸引更多游客前来体验，从而实现文化遗产保护与旅游业发展的双赢局面。总之，智慧导览系统的引入，不仅能提升巴蜀地区传统村落的游览体验，也能促进当地文化的传承与创新，是科技与人文完美结合的典范。

（六）数字文化遗产保护，传承村落记忆

在信息化浪潮下，数字文化遗产保护成为巴蜀地区传统村落传承村落记忆的重要途径。首先，通过高精度三维激光扫描技术，每一座古建筑、每一件文物都被转化为数字模型，不仅能保留其原始的形态和细节，还能避免物理接触可能带来的损害，实现文化遗产的永久保存。这些数字模型可以被无限复制和分享，使得世界各地的人们都能通过网络平台，如虚拟博物馆、数字图书馆，近距离欣赏和研究这些珍贵的文化遗产，极大地拓宽文化遗产的传播范围和影响力。其次，利用大数据和人工智能技术，可以对村落的历史文献、口述史、民俗活动等非物质文化遗产进行深度挖掘和整理，构建起全面、系统的文化数据库。最后，数字技术还能促进文化遗产的创新性转化和利用。例如，游客通过 AR 和 VR 技术，可以在虚拟环境中亲身体验传统村落的生活场景和节日庆典，感受浓厚的地域文化和历史氛围。因此数字文化遗产保护不仅仅是一种先进的技术手段，更是一种文化传承的理念和方法，它让巴蜀地区的传统村落得以在现代社会中焕发出新的生机，让村落的记忆得以跨越时空，永久流传。

第七章　传统村落保护与更新的平衡策略及政策建议

在传统村落保护与更新的长期发展中，如何在历史的长河与时代的洪流中找到平衡点，是每一个关注文化遗产保护与发展的人士共同面临的课题。传统村落，作为承载着厚重历史记忆与丰富文化基因的活态遗产，既是过去时光的见证者，也是未来社会可持续发展的重要组成部分。然而，在快速的城市化进程与日益增长的旅游需求双重作用下，传统村落面临着前所未有的挑战：一方面，过度商业化与不恰当的现代化改造威胁着村落的原始风貌与文化内核；另一方面，缺乏有效的保护措施与更新策略则可能导致村落的自然衰败与文化断层。因此，本章主要总结了传统村落保护与更新过程中的共性与规律，并且探讨传统村落保护与更新的平衡策略及政策建议，旨在通过构建一个长期与短期行动相结合、保护与更新相得益彰的传统村落保护体系。

第一节　传统村落保护与更新的共性与规律

一　尊重自然，实现渐进式保护与更新

巴蜀地区在长期的建设与发展过程中，形成了独特的地理与文化

景观。其中，在传统村落的保护与更新过程中，尊重自然是贯穿始终的核心理念，这不仅仅体现在对自然环境的敬畏与呵护上，更体现在对村落与自然环境相互依存关系的深刻理解与实践上。所以基于这种人与自然和谐共生的理念，传统村落保护与更新的基本规律便需要实现渐进式发展，这也是一种尊重历史文脉、兼顾现代生活需求的智慧选择，其策略的核心在于"渐进"。首先，实现渐进式保护与更新，意味着在时间的尺度上采取一种温和而持续的方式，避免激进改造可能对村落原有生态与文化造成不可逆的破坏，而且这一策略要求村落在更新基础设施、改善居民生活条件的同时，充分考虑其与自然环境的融合度，确保任何改变都是基于对村落历史脉络与自然特征的深入研究，以及对村民生活习惯与文化认同的尊重。① 比如在修复古建筑时，村落可以保持原本的建筑工艺与材料，保持原本的风貌与质感；在规划新设施时，遵循"最小干预"原则，尽量减少对自然景观的影响，让新旧元素在视觉与空间上达到和谐统一。其次，尊重自然的保护与更新策略，还体现在对村落生态系统完整性的维护上。巴蜀地区的传统村落往往依托于独特的地形地貌，如梯田、溪流、竹林等，这些自然要素不仅是村落生存的基础，也是其独特魅力的来源。因此，在保护与更新中，村落须重视这些自然要素的保护，比如通过生态修复技术恢复受损的生态环境，通过设置生态缓冲区隔离工业污染，通过绿色能源的推广减少碳排放，从而确保村落的自然景观与生物多样性得到持久的维护。最后，传统村落的保护与平衡还在较大程度上体现在村民对村落保护的重视程度上，比如采用生态农业、绿色建筑、低碳生活方式等，不仅能减轻对自然环境的压力，也能提升村落的自给自足能力，增强传统村落抵御外部冲击的韧性。

---

① 王刚、董岚：《黄陂区传统村落渐进式更新设计策略研究》，《美术文献》2023 年第 12 期，第 99~101 页。

二　差异发展，形成区域村落典型风格

巴蜀地区传统村落的差异性不仅仅体现在自然环境的千差万别上，更体现在历史积淀、文化传统、生活方式等方面的丰富性与多样性上。正因如此，差异发展成为传统村落保护与更新的重要原则。一方面，差异发展意味着村落在保护与更新过程中要充分考虑每个村落的独特性，避免"一刀切"的标准化模式。[①] 对于传统村落的发展而言，当前我国诸多传统村落在建设与发展过程中更多的是相互参考、相互借鉴，这往往就容易使得传统村落在建设与发展中形成同质化的更新模式，比如网红打卡点等，都会在较大程度上使得传统村落的更新模式雷同，大众也容易产生审美疲劳。另一方面，差异发展能够让传统村落在建设与发展中形成独特风格，从而为后期的特色保护与更新奠定基础。特别是巴蜀地区地势复杂，从高山峡谷到平原盆地，从江河湖畔到森林草原，自然景观丰富多样，这就要求村落在保护与更新方案制定时，因地制宜，充分利用并突出区域的自然优势，才能更好地形成区域村落典型风格。而且巴蜀地区也具有诸多民风民俗、传统艺术、手工艺等非物质文化遗产，在更新村落的过程中，村落可以通过举办民俗节庆、设立文化工作坊、建立乡村博物馆等方式，让游客和居民能够亲身体验和参与到这些活动中来，从而加深游客对村落文化的理解和认同。总之，差异发展不仅是一种保护策略，也是一种发展思路，其要求传统村落在尊重村落个性的基础上进行科学规划和合理利用，让每个村落都能在保护中发展，在发展中保护，最终形成各具特色的区域村落典型风格。

---

① 　杨小军、钱志阳：《国家公园视域下传统村落集群保护策略与差异化发展路径——以百山祖园区为例》，《创意与设计》2023 年第 5 期，第 58~67 页。

三　注重规划，长期与短期行动相结合

在推动任何社区或区域发展项目时，注重规划，长期与短期行动相结合的策略不仅是确保项目顺利实施的关键，也是实现可持续发展目标的基础。[①] 对于巴蜀地区传统村落的保护与更新而言，这种策略更是不可或缺。首先，注重规划意味着在开始任何具体行动之前，必须进行深入的研究和周密的设计。规划过程应该是一个综合性的、参与式的、前瞻性的过程，它需要考虑到自然环境、社会经济、历史文化等多个维度，同时也需要倾听并整合村民、专家、政府以及利益相关方的意见和建议。而且村落制定全面的保护与发展规划，明确目标、路径和措施，可以有效避免盲目性和随意性，确保每一项行动都能够有的放矢，发挥最大效益。其次，长期与短期行动相结合强调的是在规划实施过程中，既要着眼长远，又要立足当前。长期规划提供了方向和愿景，它是基于对未来发展潜力和挑战的深刻理解所制定的，旨在构建一个可持续发展的框架，确保村落能够在不断变化的环境中保持其活力和魅力。然而，长期规划的实现往往需要大量时间，因此，结合短期行动就显得尤为关键。短期行动是那些能够迅速启动、见效快、影响力直接显现的项目，如基础设施改善、环境卫生整治、古建筑紧急修复等。这些短期行动不仅能立即改善村民的生活质量，增强村民对保护工作的信心和支持，同时也是检验长期规划可行性和调整方向的有效途径。

具体到巴蜀地区传统村落的保护与更新，短期行动包括开展村落环境整治活动，如清理垃圾、种植绿化、改善公共空间，由此提升村落整体形象；对存在严重损坏风险的古建筑、文物进行紧急修复，防

---

① 吁梦婷、杨小军、李永浮：《协同视角下传统村落"三生"空间规划策略研究——以永嘉县屿北村为例》，《小城镇建设》2024 年第 6 期，第 91~97 页。

止进一步恶化；组织手工艺人和村民进行传统技艺的培训和交流，激发年青一代的兴趣，促进非物质文化遗产的传承；提升村落的旅游接待能力，如增设指示牌、建设游客中心、开发特色民宿等，为即将到来的游客提供更好的体验；等等。长期规划包括制订长期的生态保护计划，恢复和保护村落周边的自然环境，如森林、湿地、河流等，维护生物多样性；建立村落文化档案，记录和研究村落的历史、文化和传统，策划定期的文化节庆活动，提升村落的文化影响力；探索适合村落特点的经济发展路径，如生态农业、乡村旅游、文创产业等，促进村民就业和增收，实现经济的自我循环；完善村落内部的自治机制，提高村民的参与度和决策权，构建和谐的社区关系，增强村落的社会凝聚力；等等。可以说，这些长期规划与短期规划的结合，能够在较大程度上实现传统村落保护与更新的全面布局，以此来全面推进村落的现代化建设与发展进程。

第二节 如何实现传统村落保护与更新的平衡

一 基于最小干预原则进行整体保护

中共中央办公厅、国务院办公厅在《关于在城乡建设中加强历史文化保护传承的意见》中指出，在城乡建设中系统保护、利用、传承好历史文化遗产，对延续历史文脉、推动城乡建设高质量发展、坚定文化自信、建设社会主义文化强国具有重要意义，因此我国需要统筹规划、建设、管理，加强监督检查和问责问效，促进历史文化保护传承与城乡建设融合发展，增强工作的整体性、系统性。对此，在实现传统村落保护与更新的平衡过程中，传统村落基于最小干预原则进行整体保护是至关重要的第一步。这一原则强调在维护村落原始风貌、历史文脉和自然环境的基础上，进行必要的干预和修复。①

具体而言，该原则要求传统村落在以下几个方面进行细致而周密的考量与操作。一是我国需要对村落进行全面的调研和评估，深入了解其历史沿革、建筑风格、文化特色以及自然环境等要素。二是村落应尽可能采取可逆性的干预措施，这意味着在修复或改造过程中，所使用的材料、技术和方法应当是可逆的，以便在将来需要时能够恢复到原始状态。这样既能保证村落的原始风貌得以保留，又能为未来的更新留有余地。三是须注重村落生态环境的保护。传统村落往往与自然环境紧密相连，形成了一个和谐共生的生态系统，这就需要基于人与自然和谐共生的理念来实现村落的保护与更新。四是我国须建立健全的保护机制和管理制度，而且村落可以通过制定详细的保护规划、明确保护责任、加强监管力度等措施，来确保保护工作得以有效实施。五是传统村落可以积极引入社会力量参与保护工作，形成政府、社会和村民共同参与的良好局面。可以说，对于传统村落的保护与更新而言，整体保护对于村落的长期建设与发展有着至关重要的意义。

二　在保护核心景观的基础上多维度开发资源

在巴蜀地区传统村落的保护过程中，当地不仅要重视核心景观的保留与传承，还须在此基础上进行多维度的资源开发与利用，旨在实现传统村落的可持续发展，同时保留其独特的文化魅力和历史价值。巴蜀地区的传统村落往往拥有独特的自然景观和人文景观，这些核心景观是村落的灵魂和魅力所在，因此在保护过程中，村落应确保这些核心景观的完整性和原真性，避免过度开发或破坏。通过科学规划和精细管理，村落可以使这些景观得到更好的保护和展示，吸引更多的

---

① 杜树志：《文物保护修复中对最小干预原则的理解与思考》，《中国文物报》2021 年 12 月 7 日，第 6 版。

游客前来参观和体验。但仅仅保护核心景观是远远不够的，巴蜀地区的传统村落还蕴含着丰富的文化资源和自然资源，这些资源具有巨大的开发潜力。因此在保护核心景观的基础上，村落应深入挖掘和利用这些资源，进行多维度的开发，比如村落可以依托当地的文化底蕴，开发文化旅游产品；利用传统村落的自然资源，发展生态农业、生态旅游产业等。

三　平衡村民与游客之间的基本需求

实现村民与游客之间基本需求的平衡，是乡村发展与旅游规划中的一项关键挑战，在具有深厚文化底蕴的传统村落中尤为重要。首先，村落在建设过程中须明确，村民是村落的主人，他们的生活质量、文化传承以及对未来的期待应当放在首位。这意味着在发展乡村旅游时，传统村落不能仅仅着眼于吸引外来游客，而忽视村民的真实需求和感受。为此，传统村落应当建立一套有效的利益共享机制，确保旅游收益能公平地回馈给村民，支持当地教育、医疗、基础设施建设等，提高村民的生活水平。其次，游客的需求也不容忽视，他们是推动乡村经济发展的重要力量，对于乡村文化的传播和认同也有着不可替代的作用。因此，旅游规划也应注重提供高质量的旅游体验，包括完善旅游设施、丰富文化体验项目、提升服务质量等，以满足游客对美好乡村生活的向往。然而，这一切都应在尊重和保护当地文化与生态环境的前提下进行，避免过度商业化带来的负面影响。可以说，实现村民与游客之间基本需求的平衡，关键在于构建一个共赢的生态系统。这要求政府、企业、村民和游客四方共同参与，形成良好的沟通与合作机制。比如政府可以制定合理的政策框架，引导旅游业健康发展；企业则应承担社会责任，注重长期利益而非短期利润；村民应重视地域文化特色的建设与传承；游客也应培养尊重当地文化的意识，成为负责任的旅行者。

第三节　传统村落保护与更新的政策建议

一　强化立法保护与执行力度

强化立法保护与执行力度，是确保传统村落得到有效保护与合理更新的基础。[①] 首先，国家和地方政府应进一步完善传统村落保护的相关法律法规体系，明确保护范围、标准和程序，为传统村落的保护工作提供坚实的法律支撑，例如对古建筑、古树名木、非物质文化遗产等重要元素的详细规定，以及对开发行为的严格限制和指导原则，都确保有法可依、有章可循。其次，我国也须加强执法监督，确保法律法规的有效执行，这就要求我国村落保护工作中要建立一个高效、公正、透明的监管机制，对违反保护规定的个人或组织进行严肃处理，形成强有力的法律威慑。同时，我国也须定期开展村落保护状况评估，及时发现并解决存在的问题，防止保护工作流于形式，确保传统村落的真实性和完整性得以长期保存。再次，我国还须加大资金投入和政策扶持，为传统村落的保护与更新提供必要的物质保障。比如政府可以设立专项基金，用于传统村落的维护修缮、文化挖掘、旅游开发等方面，同时鼓励社会力量参与，形成多元化的投资模式。此外，我国还可以通过税收优惠、贷款贴息等政策措施，激励企业和个人投身于传统村落的保护事业，形成良性循环。最后，我国可以通过教育、宣传和公共参与活动，增强民众对传统村落文化价值的认识，激发社会各界的保护热情，特别是要重视培养年青一代的文化自觉，让青年群体成为传统村落保护与传承的新生力量。

---

① 朱祥贵、张雯杏：《民族地区传统村落保护与发展地方立法的新路径》，《湖北民族大学学报》（哲学社会科学版）2023 年第 4 期，第 110~120 页。

二　完善多元化资金投入机制

完善多元化资金投入机制，是推动传统村落保护与更新工作持续、健康发展的关键。传统村落的保护与更新往往需要大量的资金支持，单一的资金来源难以满足其复杂且长期的需求。因此，构建一个多元化的资金投入机制显得尤为重要。首先，政府应发挥主导作用，设立专项保护基金，为传统村落的保护与更新提供稳定的财政支持，包括中央和地方政府的预算拨款，以及通过发行专项债券等方式筹集资金。政府资金主要用于基础设施建设、文化遗产修复、环境整治等基础性、公共性项目，确保传统村落的基本保护需求得到满足。其次，我国可以鼓励社会力量参与，引入市场机制，激发民间资本的活力。可以通过设立公益基金会、接受捐赠、股权合作等多种方式，吸引企业、非政府组织和个人投资者的资金投入。特别是对于具有较高旅游开发潜力的村落，可以探索 PPP 模式，即公私合作伙伴关系，政府与私营部门合作，共同投资、运营和管理，实现资源优化配置，提高资金使用效率。再次，创新金融产品和服务可以为传统村落的保护与更新提供灵活多样的融资渠道。例如，开发绿色信贷、文化保险、文化遗产信托等金融工具，为保护项目提供低息贷款、风险保障和资产管理服务，降低融资成本，分散投资风险。最后，我国也应重视资金使用的透明度和效益评估，建立健全财务监管制度，确保每一分钱都用在刀刃上，真正惠及传统村落的保护与发展。

三　构建村落激励与补偿机制

构建村落激励与补偿机制，是推动传统村落保护与更新工作中不可或缺的一环，旨在平衡保护成本与村民利益，激发村民的主动性和创造性，确保保护工作的可持续性。首先，传统村落在开发时需要建立正向激励机制，通过政策引导和物质奖励，鼓励村民积极参与村落保护活动。这种激励机制不仅能直接减轻村民的经济负担，还能提升村民对传统村落文化价值的认识，增强个体对村落的保护意识和自豪感。其次，我国也需要设计合理的补偿机制，针对因保护工作而受到经济损失的村民，提供适当的经济补偿。例如，对于那些因村落保护规划而限制了土地使用、经营活动的农户，政府或相关机构应给予合理的补偿，以弥补其直接经济损失，确保其生活水平不受影响。此外，对于参与公共空间维护、文化遗产保护等无直接经济回报的工作，我国也应考虑给予相应的劳动报酬或生活补助，体现对村民贡献的认可和尊重。再次，构建社会保障网络，为村民提供基本的生活保障和公共服务，也是传统村落保护与更新的重要措施，可以减少村民后顾之忧，包括完善医疗保险、养老保险、教育资助等社会福利体系，以及改善基础设施，如供水供电、交通通信、垃圾处理等，提高村民的生活质量和幸福感。可以说社会保障的健全有助于增强村民的安全感和归属感，促使村民更加积极地投入村落保护与更新的各项工作中。最后，我国可以促进乡村产业振兴，通过发展乡村旅游、特色农业、手工艺品等产业，为村民创造更多就业机会和收入来源。这不仅能有效缓解村落保护带来的经济压力，还能带动整个村落的经济发展，形成保护与发展的良性循环。总之，构建村落激励与补偿机制，旨在通过一系列政策工具和措施，调动村民的积极性，保障村民的合法权益，构建一个公平、和谐、可持续的保护与发展环境，让传统村落的保护成果惠及每一位村民，实现村落、村民和游客的共赢。

四 促进区域联动与品牌打造

促进区域联动与品牌打造，是推动传统村落保护与更新走向深度和广度的关键步骤，旨在通过整合区域资源，形成合力，提升整体竞争力，实现传统村落的可持续发展。首先，我国应建立区域联动机制，打破行政壁垒，促进跨区域的合作与交流，涉及政府、企业、社会组织和村民等多方面的共同努力。在政府层面，我国可通过签订合作协议、成立联合管理机构等形式，统筹规划区域内传统村落的保护与开发，避免重复建设和恶性竞争，实现资源共享和优势互补。在企业层面，我国可以鼓励企业跨界合作，如旅游企业与农产品加工企业联手，开发特色旅游商品，提升产品附加值。社会组织和村民则可作为重要的参与者和受益者，通过参与决策、共享成果，增强区域联动的内生动力。其次，打造区域特色品牌，提升传统村落的知名度和吸引力。品牌是区域竞争力的重要体现，对此我国可以通过挖掘和提炼区域内传统村落的独特文化、自然景观、特色产业等元素，塑造具有鲜明地域特色的品牌形象。例如，可以围绕"古村文化""生态休闲""农耕体验"等主题，设计一系列旅游线路，举办文化节庆活动，利用新媒体平台进行广泛宣传，吸引更多游客的目光。同时，我国也须加强知识产权保护，确保品牌的独特性和价值不会被滥用或稀释。再次，推动产业升级，构建产业链条，提升传统村落的经济实力也成为当前传统村落保护与更新的重要形式。村落可以依托区域内丰富的自然资源和文化遗产，发展特色农业、手工艺品、乡村旅游等产业，形成从生产到销售的完整产业链。例如，通过"公司+农户"的模式，支持农户种植特色农产品，企业负责收购、加工和销售，形成稳定的供应链和利益链，既能提高农产品的附加值，又能增加农民的收入。最后，人才培养与引进能够为区域联动与品牌打造提供智力支持。一方面，我国加强对本土人才的培训，提升其专业技能和创新能力，可以培养一批懂文化、善经营、会推广的新型农民和企业家。另一方面，我国通过优惠政策吸引外部人才，包括设计师、艺术家、营销专家等，可以为传统村落的保护与更新带来新思路、新技术和新市场。在上述措施的共同作用下，传统村落可以促进区域联动与品牌打造，不仅能提升传统村落的综合竞争力，还能带动整个区域的经济社会发展，形成文化传承与经济发展的双赢局面，让传统村落成为展现中国乡村魅力的亮丽名片。

结　语

　　巴蜀地区的传统村落，记录着这片土地上人们的生活方式、信仰习俗和社会变迁。其中，村落不仅仅是历史遗迹，更是活的博物馆，每一砖一瓦、每一街一巷都承载着丰富的历史信息和文化记忆。从先秦时期的简朴村落到明清时期繁盛的市镇，从农耕文化的深厚底蕴到庄园文化的独特魅力，再到寨堡文化的坚韧与智慧，巴蜀地区的传统村落见证了中国农耕文明的辉煌历程，是中华民族多元一体格局的重要组成部分。而且巴蜀地区的传统村落以其独特的布局和建设智慧，展现了人与自然和谐共生的理念。特别是村落依山傍水、随形就势的选址原则，不仅体现了对自然环境的深刻理解和尊重，也展现了古人因地制宜、因势利导的生存智慧。这种智慧不仅保障了村落居民的生活质量，也为现代生态建设提供了宝贵的经验和启示。

　　2012年，我国建立中国传统村落保护名录制度，实施传统村落保护工程。通过多年努力，扭转了传统村落快速消失的局面，使历史建筑、传统民居和大量非物质文化遗产得到保护与传承。同时，我国各地在积极保护传统村落的基础上，不断推进活化利用、以用促保，不仅仅改善了村民生产生活条件，更激发了传统村落保护与发展的内生动力，使传统村落焕发出新的生机和活力，这为传统村落的更新与发展提供了相应的政策保障与支撑。然而，随着社会经济的快速发展和城市化进程的加速，巴蜀地区的传统村落面临着前所未有的挑战。一方面，村落的物质形态和非物质文化受到侵蚀，原真性和完整性面临威胁；另一方面，村落的活力和功能逐渐衰退，难以满足现代生活的需求。因此，如何使得巴蜀地区的传统村落在保护中求发展，在发展中求保护，成为摆在我们面前的一道难题。

面对挑战，巴蜀地区探索出了一系列传统村落保护与更新的成功经验。通过整合村庄规划布局、协调建筑整体风貌、改善人居景观环境、完善村内基础设施等措施，既保留了村落的历史文化特色，又提升了居民的生活品质。同时，通过功能更新、规划更新、美学更新、文化更新和数字更新等策略，激发了村落的内在活力，实现了传统与现代的有机融合。展望未来，我国传统村落的保护与更新工作任重道远。因此，我国则需要进一步强化立法保护与执行力度，完善多元化资金投入机制，构建村落激励与补偿机制，促进区域联动与品牌打造，形成政府引导、市场参与、社会协同的保护与发展模式。更重要的是，我国要培养公众的文化自觉和生态意识，让每一个个体都成为传统村落保护的参与者和支持者，共同守护这份宝贵的文化遗产，让传统村落在新时代焕发出新的光彩。

参考文献

曹晓薇、翟俊：《日常生活视角下传统村落公共空间保护更新研究——以陆巷古村为例》，《建筑与文化》2024年第5期。

陈闻博：《新时代乡村旅游经济发展的探索与思考——以四川省武胜县御马城为例》，《特区经济》2021年第7期。

陈欣婧、韩筱、李旭等：《巴蜀传统村落空间分布特征与成因机制研究》，中国城市规划学会，《人民城市，规划赋能——2022中国城市规划年会论文集（15山地城乡规划）》，重庆大学建筑城规学院、重庆大学建筑城规学院山地城镇建设与新技术教育部重点实验室，2023。

崔皓：《川渝乡村聚落空间形态特征与演变规律研究》，硕士学位论文，重庆大学，2022。

杜树志：《文物保护修复中对最小干预原则的理解与思考》，《中国文物报》2021年12月7日。

樊善卉：《环洱海地区传统滨湖村落空间演变及保护更新研究》，硕士学位论文，西南大学，2023。

范勇、李玄、肖文杰：《深度学习与特征参数结合的人工智能辅助传统村落保护规划探索》，《中国建设信息化》2024年第5期。

冯淑华：《传统村落文化生态空间演化论》，科学出版社，2011。

郭晶、王宇阳、李琴:《生态美学视域下艺术介入传统村落可持续发展研究——以云南城子古村为例》,《城市建筑》2023年第10期。

何介福:《巴蜀史》,西南交通大学出版社,2009。

胡仲婷:《文化空间视角下潮汕传统村落街巷文化空间保护更新研究》,硕士学位论文,汕头大学,2022。

李正军、吴非洪:《艺术介入传统村落文化保护与人居环境更新的路径与实践》,《农村科学实验》2024年第6期。

李子健、赵骏、吴雪飞:《人地关系视角下传统村落景观特征识别和保护——以鄂西南为例》,《国土与自然资源研究》2024年第2期。

林光旭、唐建兵:《贫困山村脱贫的一种选择:发掘乡村旅游——对邛崃市平乐镇花楸村乡村旅游的调查报告》,《成都大学学报》(社会科学版)2007年第2期。

林智泉、徐珏、刘志宏:《基于同质化困境的江南古镇数字化保护与更新思路——以木渎古镇为例》,《中外建筑》2024年第9期。

刘春、王刘辉、王倩:《城寨型传统村落价值分析与保护发展探索——以自贡三多寨传统村落为例》,《城市住宅》2016年第7期。

刘春、王刘辉、王倩:《自贡三多寨传统村落保护与发展》,《城乡建设》2016年第9期。

刘国强:《基于景村融合的特色村落保护与更新研究》,硕士学位论文,江西财经大学,2023。

刘吉宇、杨毅:《传统村落建筑形态分析与保护更新设计研究——以通江县梨园坝村民居为例》,《城市建筑》2021年第4期。

鲁朝汉、徐娇、翟帅男:《川渝传统穿斗式木结构民居建筑智慧浅析——以通江县梨园坝村落民居为例》,《四川建筑》2021年第

2 期。

施禹：《四川传统村落建筑的保护与利用》，《百科知识》2024 年第
　　15 期。

王刚、董岚：《黄陂区传统村落渐进式更新设计策略研究》，《美术文
　　献》2023 年第 12 期。

王嘉睿：《基于分形理论的川渝山地聚落空间形态解析》，硕士学位论
　　文，重庆大学，2017。

王静、吴展彪、周振玉：《传统村落保护现状及发展研究——以邛崃
　　市平乐镇花楸村为例》，《价值工程》2019 年第 24 期。

王俊朝：《文化景观基因视角下南宁江南区传统村落保护与更新研
　　究》，硕士学位论文，广西大学，2022。

王蓉、赵丽、康华西：《巴蜀雅韵：文化基因谱系构建与数字化创新
　　设计》，化学工业出版社，2023。

王艳婷、范国建：《基于触媒理论下传统村落保护与更新设计研
　　究——以浙江省遂昌县箍桶丘村为例》，《艺术与设计（理论）》
　　2023 年第 8 期。

温泉、唐建国、蔡旷原：《乡土建成遗产视角下传统村落保护原真性
　　与完整性的探究——以“三峡原乡”旱夔门为例》，《华中建筑》
　　2023 年第 12 期。

吴必虎、罗德胤、张晓虹、汤敏主编《巴蜀传统村落》，海天出版
　　社，2020。

吴樱：《巴蜀传统建筑地域特色研究》，硕士学位论文，重庆大
　　学，2007。

伍静：《成都平原地区民居院落空间文化保护与传承研究——以大邑
　　县刘氏庄园为例》，《四川建筑》2017 年第 4 期。

熊家林：《吉水：传统村落“活态”传承，集中连片保护利用》，《新

华每日讯》2024 年 5 月 27 日。

熊梅：《川渝传统民居地理研究》，博士学位论文，陕西师范大学，2015。

杨小军、钱志阳：《国家公园视域下传统村落集群保护策略与差异化发展路径——以百山祖园区为例》，《创意与设计》2023 年第 5 期。

叶红：《用旅游规划促进文物保护——以宜宾市江安县夕佳山庄园为例》，《古建园林技术》2005 年第 3 期。

罗德胤编著《传统村落：从观念到实践》，清华大学出版社，2017。

余海超：《巴蜀传统建筑木构架地域特色研究》，硕士学位论文，重庆大学，2015。

吁梦婷、杨小军、李永浮：《协同视角下传统村落"三生"空间规划策略研究——以永嘉县屿北村为例》，《小城镇建设》2024 年第 6 期。

张帆：《探索传统村落善治路径》，《珠海特区报》2024 年 6 月 27 日。

张弘：《巴蜀古建筑》，电子科技大学出版社，2014。

张帅、许刚、薛振兴等：《智慧旅游赋能无锡严家桥传统村落保护与开发研究》，《智能建筑与智慧城市》2023 年第 12 期。

张兴国、袁晓菊、冯棣、罗强：《四川聚落》，中国建筑工业出版社，2022。

张子衿：《旅游开发背景下陕州窑居传统村落保护研究》，硕士学位论文，西安建筑科技大学，2022。

赵楷、唐孝祥：《试论大邑刘氏庄园的建筑文化特征》，《小城镇建设》2008 年第 6 期。

赵永琪：《西南地区传统村落的类型区划研究》，博士学位论文，华南理工大学，2022。

周晨阳、龙双衡：《乡村振兴战略下古村落更新设计研究——以通江县梨园坝村为例》，《建材与装饰》2020 年第 16 期。

周宇兴：《乡村振兴背景下传统村落"微介入"保护更新设计研究》，硕士学位论文，昆明理工大学，2023。

朱祥贵、张雯杏：《民族地区传统村落保护与发展地方立法的新路径》，《湖北民族大学学报》（哲学社会科学版）2023 年第 4 期。

邹纯纯：《传统村落保护与发展探析——以鄱阳县楼下村为例》，《城市建设理论研究》（电子版）2024 年第 18 期。

图书在版编目 (CIP) 数据

传统村落保护与更新研究：以巴蜀地区为例 / 袁园
著 . --北京：社会科学文献出版社，2025.5. --ISBN
978-7-5228-5339-0

Ⅰ. K927.1

中国国家版本馆 CIP 数据核字第 2025MR8595 号

传统村落保护与更新研究
—— 以巴蜀地区为例

著　　者 / 袁　园

出　版　人 / 冀祥德
组稿编辑 / 任文武
责任编辑 / 李　淼
文稿编辑 / 王红平
责任印制 / 岳　阳

出　　　版 / 社会科学文献出版社 · 生态文明分社 (010) 59367143
　　　　　　地址：北京市北三环中路甲 29 号院华龙大厦　邮编：100029
　　　　　　网址：www.ssap.com.cn
发　　　行 / 社会科学文献出版社 (010) 59367028
印　　　装 / 三河市尚艺印装有限公司

规　　　格 / 开　本：787mm × 1092mm　1/16
　　　　　　印　张：16.75　插　页：0.5　字　数：211 千字
版　　　次 / 2025 年 5 月第 1 版　2025 年 5 月第 1 次印刷
书　　　号 / ISBN 978-7-5228-5339-0
定　　　价 / 78.00 元

读者服务电话：4008918866